入門 交通行政処分への対処法

高山俊吉

はじめに

　本書は道路交通法違反等に基づく行政処分事件の弁護実務手引書である（以下、道路交通法を「道交法」という）。

　点数制度による90日以上の免許停止と免許取消しの行政処分には「意見の聴取」の機会が設けられ、点数制度によらない処分には「聴聞」の機会が設けられているが、道交法第104条（意見の聴取）や同法第104の二（聴聞の特例）にある「有利な証拠の提出」や「専門的知識を有する参考人又は当該事案の関係人の出頭」は実際にはほとんど行われていない。また、行政処分事件の弁護活動を実践している弁護士もおそらく極めて少ない。多くの弁護士は行政処分に関して役に立つことはないと思っているようにも見える。

　実務は驚くほど基準どおりに行われている。基準どおりというのは司法になぞらえれば求刑通りの判決を出すということである。行政処分の基準は画一的で、ある累積点数に対応する処分内容は決まっていて幅がない。刑事裁判風に言えば、宣告刑は法定刑と同じになる。弁護士が多く関わらないために公安委員会の専権が通るのか、公安委員会の専権が弁護士の関与意欲を喪失させるのか。いずれにしてもこのままでよいはずがない。

　そのような問題意識を踏まえて、行政処分の対象になった免許保有者の援助に弁護士がもっと関われるようにしようというのが本書の目的である。活発な弁護活動を通して道交法におけるデュープロセスの復権を期待したい。

　意見聴取者などをサポートする人は「補佐人」と呼び、弁護人とか代理人とは言わないが、本書では補佐人の活動を弁護活動という表現で統一する（「代理人」は本人が出頭しないときに本人に代わって出頭する者をいう）。

*

　処分のほとんどは道交法違反をきっかけとする。前提となる道交法違反の取締り状況などを概観しておこう。2006年に放置違反金制度が導入され、以来、駐停車違反の取締りが激減した。それまでは最高速度違反と並んで道交法違反の両雄と言われてきたが（20年前にはその両者で道交法違反の取締り総件数の56％を占めていた）、駐停車違反の検挙件数は大きく減り、道交法違反の取締り総件数はこの10年間で150万件も減った。

放置違反には点数が付かない。累積点数のかなりを占めていた駐停車違反が極少化したことは点数の累積傾向を緩やかにし処分対象に達する期間が長くなって、期間経過などを理由とする非処分を増やす結果ももたらした。行政処分のこの10年間の年別推移を見ると、取消し・停止の総数は2006年の85万件から2016年の34万件と半分以下になっている。

　しかし、この減少を単純に喜ぶのは早い。減ったといっても行政処分を受けた免許保有者は34万人、うち免許取消しが4万2000人を超え、90日以上の停止は4万9000人を超え、90日未満の停止は25万人を超える。当局は処分対象者の数を発表しないので、対象者中のどれだけが処分を免れたのかも、より軽い処分になったのかもわからない。処分者中に占める取消し処分者の比率が高くなっていることも気になる（2006年7.2％→2016年12.4％）。10人に1人が相談に来たとしても日本中の弁護士が1人1年に1件を担当することになる。

　累積点数により呼び出す免許保有者を道交法は「処分に係る者」と言い、多くの公安委員会は「被処分者」と言うが、最終的に処分されるかされないかがわからないうちからこのような呼称を使うのはいかがなものかと考え、筆者は、基本的に「被処分者」という言葉を使わない。「意見聴取者」「被聴聞者」「相談者」「ドライバー」など状況により使い分ける。なお、一般に、自動車を運転する者をドライバーと言い、自動二輪車や原動機付き自転車を運転する者をライダーと言うが、本書ではすべて「ドライバー」と言うことにする。

　本書は、弁護士に頼らず自身の努力により行政処分に対処したいと願う一般のドライバーにも役立つはずである。本書がすべての交通関与者に公正で合理的な運転免許行政を保障するきっかけになり、その流れを推し進める駆動輪になることを祈念してやまない。

2017年9月

高 山 俊 吉

はじめに ……………………… 2

1 行政処分と刑事処分 ……………………… 010

2 点数制度の基本的なしくみ ……………………… 012

3 一般違反行為とその点数 ……………………… 015

4 基礎点数とその加算の方法 ……………………… 020

5 累積点数の計算 ── 原則と例外 ……………………… 025

6 停止・取消しの処分基準と前歴計算 ……………………… 028

7 点数制度の問題点 ……………………… 031

8 意見聴取・聴聞に関するルール ……………………… 033

9 意見聴取・聴聞の実際 ……………………… 038

10 意見聴取に向けた準備 ……………………… 045

11 意見の骨格 ………………………………………………… 051

12 処分量定の特例及び軽減の基準 ……………………… 056

13 補佐人就任 ………………………………………………… 061

14 意見聴取と処分結果 ……………………………………… 068

15 短期停止処分と処分対象前事案 ………………………… 072

16 道交法2009年大改正 ……………………………………… 075

17 速度違反 …………………………………………………… 077

18 携帯電話使用等 …………………………………………… 079

19 酒気帯び・酒酔い運転 …………………………………… 081

20 ひき逃げ …………………………………………………… 088

21	無免許・免許失効	093
22	事故と行政処分	097
23	審査請求	102
24	意見聴取改革のための具体的な提言	108
25	行政処分改革に向けた提言	115

● コーヒーブレイク
  1 交通事故と私 ……………………………………… 022
  2 バイク事始めのころ ……………………………… 036
  3 交通事故鑑定は科学的に ………………………… 054
  4 交通犯罪の起訴緩和に疑問 ……………………… 066
  5 交通違反もみ消し事件の背景 …………………… 086
  6 駐車取り締まり 安易な「民力」導入見直せ …… 106

● 資料編
  資料1 ……………………………………………………… 123
    運転免許の効力の停止等の処分量定の特例及び軽減の基準について
    (警察庁丁運発第44号平成21年4月30日警察庁交通局運転免許課長)
  資料2 ……………………………………………………… 134
    運転免許の効力の停止等の処分量定基準の改正について(通達)
    (警察庁丙運発第40号平成25年11月13日警察庁交通局長)

  参考文献 ………………………………………………………… 147

入門
交通行政処分への対処法

弁護士
高山俊吉

交通違反を重ねると免許の停止や取消しなどの行政処分が行われる。事故を起こせばまず行政処分が来る。犯罪一般に重罰化傾向が強まり、交通事犯ではとりわけ重罰化が著しい。その趨勢に連動して行政処分や点数制度の世界も、基準と運用の両面でこの間急速に厳しさが強まっている。

　2009年から酒酔いや酒気帯びなら1回の違反でも取消しや長期間の免許停止になった。前歴があればなおのことである。90年代以降一気に進んだ交通事故事件の不起訴化傾向と正反対の秋霜烈日の方向性に、多くのドライバーは戸惑いを感じている。刑事は罰金で終わっても免許は欠格期間数年の取消しになるなどというケースも珍しくない。

　それなのに処分をめぐる決まりや判定の基準はあまり知られていない。処分をする役所の名前もわかっていないドライバーが多い。一方、ネット情報などでよく勉強しているドライバーもいる。市民の知識状況には極端なばらつきがある。弁護士の知識もばらつき、弁護の力は残念ながら一般に低いように思われる。

　処分のために呼出しを受けたドライバーは、公安委員会に対して意見を言うことができ、的確な意見であれば容れられることがある。その方法論を弁護士を対象に解説するのが本章の内容である。「法の網を逃れる方法を教えてほしい」などと裏ワザの質問を受けることがあるが、本書はすべて正攻法で対処することを申し上げておく。このことをわざわざ断るのは、少なくないドライバーが裏ワザがあると思っているからである。ネットにはその種の情報を含む無責任な話がときどき登場する。「あなたの処分の見通しは明るくない」と説明したところ、「では議員さんに相談してみます」と言って帰っていった相談者がいた。警察の大物小物が違反のもみ消しに関わったなどという報道に接するたびに、市民の警察不信と裏ワザ信仰は広がる。

　交通違反の行政処分に際して確かな意見が言えるためには、処分に関する正確な知識がまず必要である。本書は基本のところから説明するが、細かくなり過ぎないようにする。細かなルールが入り組む免許制度は正確な説明に徹するとかえってわかりにくくなったりする。入門書なので、あまり発生しない問題はカットし、敢えておおざっぱな説明に徹するところもある。詳しく知りたい方は文献などにより意欲的に深掘りされるようお勧めする。

1 行政処分と刑事処分

> **ポイント**
> - 行政処分と刑事処分の違い。
> - 相談者は行政処分を心配しているのか、刑事処分を心配しているのか。

　ドライバーが道交法に違反したり交通事故を起こしたりすると受ける免許の効力の停止処分や免許の取消し処分などを行政処分という。行政処分の中心は「免許の効力の停止処分」と「免許の取消し処分」である。「免許の停止」「免許の取消し」と略称されることが多い。道交法は、「免許を<u>取り消す</u>」というように動詞として使う時は「り」を送り、「免許の<u>取消し</u>」というように名詞として使う時は「り」を送らない。市民語法の通例は「めんてい」と「とりけし」である。

　「罰金を払っても免許停止になるのか」などと聞かれることがある。多くの市民は行政処分と刑事処分の違いを正しく理解していない。ここで生じた誤解は諸々の混乱の原因になるので、弁護士の助言はここから始まる。違反や事故の際には、「刑事処分＝罰金や禁錮・懲役などの刑罰」と「行政処分＝免許の停止や取消し」という２系列の責任が発生することを丁寧に説明しなければならない。「反則金」という仕組みは、これを払わなければ罰金に進むことから、刑事系の概念であるあることも押さえておく必要がある。

　所管の面から言えば、前者は警察から検察につながり、後者は警察から公安委員会に進む。検察庁と公安委員会は別の役所である。よくわからない市民に、税務署と保健所くらい遠い関係だと説明することがある。不正確な説明ではあるが、一体の捜査機関だと思っているドライバーに頭の切り換えをして貰うための「刺激話」である。検察庁と公安委員会の判断と措置は別々に行われる。前者はドライバーが犯罪行為に及んだかどうかを調べ、そうだということになれば国に対し制裁金を払わせたり刑務所に収

容したりする科刑のシステムなのに対し、後者は道路交通上の現実の危険を防止するため、危険の兆候を示したかどうかを判定し、そうだということになればドライバーを道路交通の現場から排除する交通安全確保のシステムである。

　面前の相談者（ドライバー）が行政処分を心配すべき人なのか、刑事処分を心配しなければならない人なのかを見極めることが大事である。両方ともという場合ももちろんある。相談者は行政処分を心配しているが、より心配すべきは刑事処分だというケースもあり、その逆もある。罰金の支払いはどうということもないが運転資格を失うことが最大の心配だという人は多い。刑事処罰が業務上の資格喪失に繋がる可能性があることを知らない人もいる。行政処分についてはよくわからないと言うと、相談者の悩みに答えていないことになる場合がある。弁護士として、相談者が置かれた状況と不安の根源を的確に把握することが肝要である。

　公安委員会による意見聴取（→14）の際に、主宰者から「刑事処分はどうなっていますか」と聞かれることがある。公安委員会という所は刑事処分の結果を知らないのだということを初めて知ったりする。行政処分の手続の方が刑事捜査の結論より先に来ることが多い。その時には、「検察からの呼び出しはまだありません」などと答えることになる。種々の事情から刑事が行政より先に来る場合もある。「私の行政処分はどうなるのでしょうか」と検察官（実際に取り調べにあたるのは、副検事などがほとんどである）に聞いたところ、「自分は行政処分のことはよくわからない」と言われたという相談者がいた。よくある話である。検察官は行政処分のことを十分理解していると思っているドライバーは面食らうが、税務署の職員に予防接種の質問をするようなもので、彼らの方が戸惑っているのである（予防接種に詳しい税務署職員も、行政処分に詳しい副検事もいるかも知れない。見識不足はお詫びする）。

2 点数制度の基本的なしくみ

> **ポイント**
> ● 行政処分は「累積点数」で「持ち点」という捉え方はしない。
> ● 点数制度によらない処分がある。

　点数制度によらない行政処分もあるが、一般のドライバーが多く直面する行政処分は点数制度の上に成り立つ処分である。点数制度は、ドライバーの過去3年間の違反や事故に予め一定の点数をつけ、その合計点数（累積点数）によって免許の効力を一定期間停止したり取り消したりする制度である。なお、処分には免許の拒否、保留もある。点数制度は1969年から実施されている。「私の持ち点は何点だ」などと言う人がいるが、行政処分は「累積点数」で結論を出し、「持ち点」という捉え方はしない。生兵法は怪我のもと。素人談義は勘違いや不正確な判断が多いように思う。

　節をあらためて述べるが、2009年に道路交通法施行令が改正施行され、「特定違反行為」という新しい違反区分が登場した。これは①運転殺人等、②運転傷害等、③危険運転致死、④危険運転致傷、⑤酒酔い運転・麻薬等運転、⑥救護義務違反を指す。これまでの違反は「一般違反行為」と称されることになった。特定違反行為はいずれも基礎点数が極めて高い。車両運転を伴う悪質違法行為に関して車両運転の禁止を超長期にわたって命じるもくろみで登場した。その内容は車社会からの完全排除を意味するに近い。酒酔い運転の危険性はかつてから同じような危険度であったはずである。少なくとも2006年頃に酒酔い運転の危険度が急に高くなったということはないだろう。車両を運転して殺人に及んだり救護義務に違反したドライバーに交通関与者としての危険性を認めるべきかということに関しても論議の余地がある。ここには明らかに刑事処分と行政処分の接近現象が見られる。その当否について社会的な論議がどれだけ行われたか。

　特定違反行為の基礎点数は**表1**のとおりである。一般違反行為は従前の

違反行為から「酒酔い運転等」を除いたものになるが、その内容については次節で述べる。また、救護義務違反の点数が「付加点数」から「基礎点数」に変わった。これまでは安全運転義務違反など何らかの違反行為がなければ救護義務違反の点数は付かなかったが、今回の改正で初めから救護義務違反の35点が付く（基礎点数になる）ことになった。

以上を整理すると、現在の点数制度の内容は、①一般違反行為の基礎点数、②特定違反行為の基礎点数、③交通事故を起こした場合の付加点数、④あて逃げの場合の付加点数、からなることになる。

表1　特定違反行為に付する点数

特定違反行為	基礎点数	取消し(欠格期間)
運転殺人等	62点	8年
運転傷害等	45点～55点	5～7年
危険運転致死	62点	8年
危険運転致傷	45点～55点	5～7年
酒酔い運転・麻薬等運転	35点	3年
救護義務違反	35点	3年

なお、このほかに、「点数制度によらない処分」（点数が付かない行為で処分に直結するもの）として、①「重大違反唆し等」を理由とするもの、②「道路外致死傷」を理由とするもの、③「危険性帯有」を理由とするものがある。「唆し」は「そそのかし」と読む。

「重大違反唆し等」とは、重大な違反をけしかけたり、やろうとするのを手助けしたりした場合を言い、取消しか停止かの処分が行われる。それらの行為に及んだのが免許を与える前であれば、免許を受ける段階で拒んだり免許を与えるのを保留にしたりする。「重大違反」とは、酒気帯び速度超過、酒気帯び運転、速度超過など点数が6点以上のものをいう。唆したり

助けたりする者の危険性は、実際に違反におよぶ運転者と変わらないと見て、独立の処分理由にした。処分の基準は自らその重大違反をした場合に準じる。

　「道路外致死傷」とは、道路以外の場所で車両を運転して人を死傷させることをいう。危険性は道路で事故を起こして人を死傷させるのと同じだと考えた処分である。処分の基準は道路で交通事故を起こした場合に準じる。

　「危険性帯有」とは、車の運転が著しく道路交通の危険を生じさせるおそれがある状態をいう。車両の使用者が一定の違法運転を下命・容認したときとか、暴走行為をさせたときとか、麻薬・覚せい剤等を使用したときなどにこの判断がされることがあり、その場合は6か月以下の免許停止処分になることがある。

　どのような場合に点数が付くのか、処分がなされるのかを理解していないと話が始まらないので、行政処分が科される場合の全体像を大雑把に説明したが、これは概観する程度でよかろう。多くの違反はこれから述べる一般違反行為である。

3 一般違反行為とその点数

> **ポイント**
> - 点数が付く違反行為とは何か。
> - 点数は付くが罰則がない違反もある。

　点数が付く違反行為は、**表2**「一般違反行為に付する点数」に掲げられているものに限られる。極めて多くの違反があるが、典型的なのは、速度超過（1～12点）、携帯電話使用等（1～2点）、指定場所一時不停止等（2点）、通行禁止違反（2点）、信号無視（2点）などである。この5つで道交法違反取締り件数の4分の3ほどになる。

　点数は付くが罰則がない違反で検挙件数の多いものとしてシートベルト装着義務違反（1点）がある。なお、以前は大量にあった駐（停）車禁止場所等違反が激減し、放置違反金納付命令事件として処分されるのが大半になったが、これには罰則も点数も付かない。免許証記載事項変更届出違反（道交法94条Ⅰ）、免許証返納義務違反（107条Ⅰ、Ⅲ）、泥はね運転（71条Ⅰ）、免許証不携帯（95条Ⅰ）なども点数が付かない。

表2　一般違反行為に付する点数

交通違反の種別	反則点数
酒気帯び運転（0.25以上）	25
過労運転等	25
無免許運転	25
酒気帯び運転（0.15以上0.25未満）＋12点の違反	19
酒気帯び運転（0.15以上0.25未満）＋6点の違反	16
酒気帯び運転（0.15以上0.25未満）＋3点の違反	15
酒気帯び運転（0.15以上0.25未満）＋2点以下の違反	14

違反種別		点数
酒気帯び運転（0.15以上0.25未満）		13
大型自動車等無資格運転		12
仮免許運転違反		12
速度50km以上		12
積載物重量制限超過（大型等10割以上）		6
無車検・無保険運行		6
警察官現場指示違反		2
警察官通行禁止制限違反		2
☆保管場所法違反（道路使用）		3
☆保管場所法違反（長時間駐車）		2
番号標表示義務違反		2
高速自動車国道等措置命令違反		2
混雑緩和措置命令違反		1
速度超過	30km以上50km未満（一般道）	6
	40km以上50km未満（高速道）	6
	35km以上40km未満（高速道）	3
	30km以上35km未満（高速道）	3
	25km以上30km未満	3
	20km以上25km未満	2
	15km以上20km未満	1
	15km未満	1
信号無視	赤色等	2
	点　滅	2
通行禁止違反		2
歩行者用道路徐行違反		2
通行区分違反		2
歩行者側方安全間隔不保持等		2
急ブレーキ禁止違反		2
法定横断等禁止違反		2
追越し違反		2
路面電車後方不停止		2
踏切不停止等		2
しゃ断踏切立入り		2
優先道路通行車妨害等		2
交差点安全進行義務違反		2

環状交差点通行車妨害等			2
環状交差点安全進行義務違反			2
横断歩行者等妨害等			2
徐行場所違反			2
指定場所一時不停止等			3
積載物重量制限超過	10割以上	普通車等	3
	5割以上10割未満	大型車等	3
		普通車等	2
	5割未満	大型車等	2
		普通車等	1
整備不良		制動装置等	2
		尾灯等	1
消音器不備			2
安全運転義務違反			2
幼児等通行妨害			2
安全地帯徐行違反			2
免許条件違反			2
騒音運転等			2
通行許可条件違反			1
路線バス等優先通行帯違反			1
軌道敷内違反			1
道路外出右左折方法違反			1
道路外出右左折合図車妨害			1
指定横断等禁止違反			1
車間距離不保持（一般道）			1
高速自動車国道等車間距離不保持			2
進路変更禁止違反			1
追い付かれた車両の義務違反			1
乗合自動車発進妨害			1
割込み等			1
交差点右左折方法違反			1
交差点右左折等合図車妨害			1
指定通行区分違反			1
環状交差点左折等方法違反			1
交差点優先車妨害			1

緊急車妨害等		1
☆放置駐車違反（駐停車禁止場所等）		3
☆放置駐車違反（駐車禁止場所等）		2
駐停車違反（駐停車禁止場所等）		2
駐停車違反（駐車禁止場所等）		1
高齢運転者等専用場所等	☆放置駐車違反（駐停車禁止場所等）	3
	☆放置駐車違反（駐車禁止場所等）	2
	駐停車違反（駐停車禁止場所等）	2
	駐停車違反（駐車禁止場所等）	1
交差点等進入禁止違反		1
無灯火		1
減光等義務違反		1
合図不履行		1
合図制限違反		1
警音器吹鳴義務違反		1
乗車積載方法違反		1
定員外乗車		1
積載物大きさ制限超過		1
積載方法制限超過		1
制限外許可条件違反		1
けん引違反		1
原付けん引違反		1
転落等防止措置義務違反		1
安全不確認ドア開放等		1
停止措置義務違反		1
初心運転者等保護義務違反		1
初心運転者標識表示義務違反		1
聴覚障害者標識表示義務違反		1
最低速度違反		1
本線車道通行車妨害		1
本線車道緊急車妨害		1
本線車道出入方法違反		1
本線車道横断等禁止違反		2
高速自動車国道等運転者遵守事項違反		2
けん引車自動車本線車道通行帯違反		1

故障車両表示義務違反		1
仮免許練習標識表示義務違反		1
転落積載物等危険防止措置義務違反		1
通行帯違反		1
大型自動二輪車等乗車方法違反		2
携帯電話使用等	交通の危険	2
	保　　持	1
泥はね運転		
公安委員会遵守事項違反		
運行記録計不備		
警音器使用制限違反		
免許証不携帯		
座席ベルト装着義務違反		1
乗車用ヘルメット着用義務違反		1
幼児用補助装置使用義務違反		1

☆印の違反は、酒気帯び加重規定に該当しない。

4 基礎点数とその加算の方法

> **ポイント**
> ● 基礎点数と事故時の付加点数を把握する。

　一般違反行為のほとんどの行為に点数が付く。これを「基礎点数」という。公安委員会は、警察からの連絡を受けて電算登録した違反の点数を次々加算し、累積点数が一定の基準に達すると行政処分の対象にする。事故を起した時は、被害状況と過失の程度に応じた点数（2～20点。「事故時の付加点数」）を加算し、当て逃げがあるとさらに5点を加算する。ひき逃げの35点は基礎点数として必ず付くが、当て逃げは付加点数なので基本の道交法違反が成立しなければ加算しない。

　事故の時も、まず何らかの道交法違反（例えば「交差点安全進行義務違反」なら2点）が基礎点数になり、それに事故による付加点数を加えるという加算方法をとる。

　事故時と事故後の点数のしくみと点数区分は、**表3**のとおりである。

　点数加算の仕方には、①基礎点数以外の付加事項がない場合、②事故による点数が付加される場合、③ひき逃げの基礎点数やあて逃げの付加点数が加わる場合がある。例を示す。

① 　24キロのスピード違反をすると
　　20キロ以上25キロ未満の速度超過（2点）………2点
② 　無免許のドライバーが一方的な不注意による事故（被害者に責任のない事故）を起して被害者に加療30日未満の傷害を負わせると
　　無免許運転（25点）＋違反者の一方的な不注意による加療30日未満の傷害事故（6点）………31点
③ 　交差点安全進行義務違反で被害者に加療3カ月以上の傷害を負わせ、

被害者にも不注意があったが、救護などの措置をとらず立ち去ると
　　交差点安全進行義務違反（2点）＋「違反者の一方的な不注意による場合」以外の場合の傷害事故（9点）＋ひき逃げ（35点）………46点

表3　事故時と事故後の点数

事故時の付加点数

事故の種類	責任の度合い	違反者の一方的な不注意による場合	左記以外の場合
死亡事故		20点	13点
傷害事故等[*1]	加療3カ月以上[*2]	13点	9点
	加療3カ月未満	9点	6点
	加療30日未満	6点	4点
	加療15日未満[*3]	3点	2点

*1　加療期間　負傷者の数が複数のときは最も重い負傷の治療期間
*2　加療3カ月以上　後遺障害を伴う障害事故を含む
*3　加療15日未満　建造物損壊事故を含む

事故後の基礎点数と付加点数

違反の種別[*1]	点数
死傷事故の場合の救護措置義務違反（ひき逃げ）[*2]	35点（基礎点数）
物損事故の場合の危険防止等措置義務違反（あて逃げ）[*3]	5点（付加点数）

*1　措置義務違反　違反行為をし、よって交通事故を起こした場合、直ちに車両を停めて負傷者を救護し、道路における危険を防止する等必要な措置を講じることを怠ること
*2　ひき逃げ　人身事故を起こして逃げること
*3　あて逃げ　物損事故を起こして逃げること

交通事故と私

　交通事故事件に関わることになったきっかけや交通事故事件の特質などを、知己の弁護士の事務所報に投稿させていただいた。20年近くが経過しているが、思い出深い一文である。

　1969年の弁護士登録いらい30年、東京を中心にずっと交通事件に関心をもちつづけてきました。その経験のなかから、かけだしのころのお話をしましょう。

＊

　タクシーの事故で運転手さんの刑事弁護を引き受けることが多くありました。1970年前後といえば、わが国はモータリゼーションのまっただなかでした。60年代後半から東京のタクシーは「神風」の異名をとり、事故も激増しました。交通裁判も厳しい判決こそ交通事故をなくすカギとされていた時代でした。

　夜中の3時すぎ、客が乗車しているのにいねむり運転をして道路工事の作業員を2人もはね、1人を死亡させ、1人に重傷を負わせるという大事故をおこした運転手さんの弁護をしたことがあります。当時の量刑相場でいえば実刑が避けられませんでした。私も被告人の彼も覚悟を決めました。事故の翌日から乗務が禁じられた彼は、仲間の営業車の洗車の手伝いや便所掃除など、下車勤生活でわずかばかりの収入をえて裁判所に出廷する日が続きました。判決の日まで事故のことも刑務所行きのことも子供たちに言わないできた彼は、「お父さんは今日からしばらく旅行にいってくるんだ。」と、はじめて自分の〈長期出張〉を子供さんに伝えたと、判決の後、くちびるをかんでおっしゃっていました。

　いねむり運転で人の命を奪ったり大けがをさせたりしたのですから、結果は重大このうえありません。しかし、私は弁護をしながら疑問を感じていました。事故が起きたのは帰庫時間と決められていた午前2時をとうにすぎた時間帯です。しかし定時に帰庫すればノルマが達成できません。当時は2時間や3時間の超過労働は日常茶飯でした。検察官は「眠気を感じたら路肩に車をとめて休めばよかったのだ。」と被告人を責めました。彼は、「お客さんを乗せて走っている途中に、私は休みますとは言えません。」と答えました。検察官は、「それなら客を乗せる前に休めばよ

いじゃないか。」と執拗に詰めました。彼は答えました。「お客さんがいないかと神経をはりつめて走っているので眠くなりません。客を乗せて走り出すと一気に眠くなるのです。」

*

　過労状態のもとで起きた事故について運転手はどこまで責任を負うべきなのか。道交法には雇い主の責任を問う条項もありますが、それが発動されることはほとんどありません。運転手の責任を徹底的に追及すれば不慮の災害に遭遇する人の数は減るのでしょうか。私はその運転手さんに直前の労働の実情をたずねてみました。しかし彼の回答は、「いつものとおりまぁまぁで、特に疲れていたとは思いません。」というものでした。私はタコチャートを調べてみました。驚いたことに、彼の話はチャートの記録とまるで合いません。前日午前8時から19時間以上、あいだにわずか40分くらいの休みを挟んだだけでほとんど働き詰めの一日なのです（その間に昼食と夕食を食べたらしい！）。これではとても正常な労働とはいえません。しかし、彼はその事実を自覚していない。そこにあるのは「過労の自覚を欠く過労」です。当事者の言葉だけで判断してはならないとつくづく思いました。

　だんだん見えてきました。タクシーの添乗調査中に空車で走っているときの運転手さんの顔つきを見て、客席の私と世間話をしている運転手さん（世間話も眠気覚ましの努力の一つかも知れませんが）とまるでちがうことに気がつきました。神奈川から多摩川六郷橋をわたって東京に入ってから都の北のはずれの会社まで40キロ以上もの距離をどのような道を通って帰ったのかまったく覚えていないとか、仲間が会社の事務室のフロアまで上れず売上げ袋をつかんで階段の途中に倒れているのを見つけたとか、立体交差のだいだい色の分岐端標識に車を向けて停まっている同僚車を見つけ、車を停めて近づいて見たら、ハンドルをにぎったまま眠っていたので起こして事情を聞くと、交差点が黄信号だと思い停まったつもりでそのまま寝入ってしまったといったとか、「そら恐ろしい」話も山と聞かされました。

*

　交通事故は、客観的に科学的に総合的に分析しないと、原因も責任も

考えられません。交通事故の責任の判断ほど易しそうで難しいものはあまりないともいえます。駆け出し時代に私が痛感したのはそのことでした。しかしその「難しさ」は同時に奥行きの深さでもあり、私を交通事件に強く引きつける原因になるものでした。事実を知ることの大切さと難しさと面白さをともに知り、交通事故の事故解析や民事賠償請求、道交法違反の刑事弁護や行政処分への取り組み、交通評論などへと次第に「はまって」いったように思います。

　交通事件に関わる私のものの見方や行動の物差しは、科学性のない警察・検察の捜査や裁判のあり方を批判し克服すること、被害回復を放棄する保険会社の責任を追及し成果を獲得すること、そして交通安全の実現に向けた市民の力を結集することでした。大きな利便や幸せを実現する文明の利器である自動車は、当然のように私たちに甚大な犠牲を要求する存在であり、それはやむをえないことなのだと、私たち自身思い込んできたように感じます。運命だと思えば、改革の努力は当然弱くなります。しかし、それは 実は運命でも不可避でもない。ただ努力してこなかっただけのことではないのか。私たち法律家も事後処理ばかりに明け暮れていないで、現状の改革に向けた声をあげる社会的な責任もあるのではないか。お嬢さんを交通事故でなくされた二木雄策さんの著書『交通死』(岩波新書)などを読むと、あらためてそのことを強く感じさせられます。

＊

　ことは交通事件だけではありません。最近の裁判所のあり方や司法の国民に対する責任についても、考えさせられることが多くあります。市民の権利が侵され、損なわれたときに、裁判所がしっかり権利の回復をしてくれなければ、司法の存在意義はありません。司法を犯罪防止や治安という面からだけ考えたり、企業や経済の円滑などという観点からばかり見ようとする風潮が強まっているように感じられ、気になります。皆さんはどうお感じでしょうか (1998年9月4日の朝日新聞「論壇」にそのあたりのことを書きました。機会がありましたらご覧下さい)。

(1999年1月1日・法律事務所報)

5 累積点数の計算——原則と例外

> **ポイント**
> ● 点数計算の原則と例外を知る。

　累積点数は、処分の理由となる違反行為の点数に過去3年(違反や事故の日を起算日とする)以内に犯した違反行為等(①一般違法行為、②特定違法行為、③交通事故、④当て逃げ)の基礎点数や付加点数を合計して算出する**(図1)**。

図1

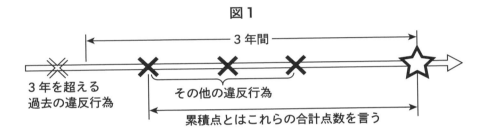

　点数制度は、交通事故や交通違反を繰り返す危険性の高いドライバーを道路交通の世界から排除して交通事故の防止・安全な道路環境の確保をはかり、無事故・無違反の安全運転を心がけるようドライバーを督励するために、点数計算の原則にはいくつかの例外を設けている。

《例外1》

　今回の違反と前回の違反の間に1年以上無事故・無違反の期間があるときは(ただし、免許停止期間や免許が失効した期間を除く)、その期間以前の点数は累積計算の対象としない。1年以上無事故・無違反の期間があることは当該ドライバーの交通関与者としての危険性が減少したことを示すものと評価する。

図2

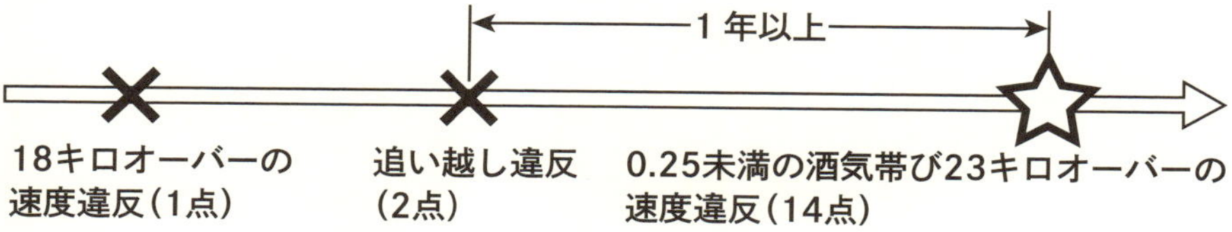

```
×━━━━━━━━━×━━━━━━━━━━★━━━━▶
18キロオーバーの  追い越し違反  0.25未満の酒気帯び23キロオーバーの
速度違反（1点）    （2点）      速度違反（14点）
```
（図上部に「1年以上」の範囲表示）

　図2で言えば、酒気帯び23キロオーバーの14点のみで処分される。ただし、追越し違反の時点で処分の基準に達していたが、所在不明などの理由でたまたま処分を受けないでいたというような場合には、追越し違反も累積計算の対象になる。

《例外2》

　違反行為を理由に免許の停止などの処分を受け、その処分期間を無違反で過ごした場合は、処分前の違反行為の点数は累積計算の対象としない。

図3

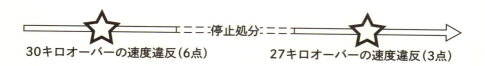

```
   ★━━━＝＝停止処分＝＝━━━★━━━▶
30キロオーバーの速度違反（6点）    27キロオーバーの速度違反（3点）
```

　図3で言えば、今回の違反点数3点（処分基準でいう「前歴1回の3点」）だけになる。

《例外3》

　点数3点以下の違反行為をしたドライバーが、過去2年無事故・無違反で今回の違反後も3カ月以上無事故・無違反の場合は、累積点数の対象と

しない。2年間無事故・無違反・無処分で経過したドライバーが1〜3点の違反行為をして、その後3カ月以上無事故・無違反で経過したときは、その点数は累積しない措置である。これも危険性減退の徴表とみる考えに基づく。

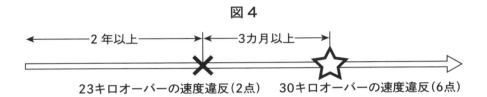

図4

　図4の例では、点数は今回の速度違反の6点だけとなる。ただし、これは累積点数の計算の対象にしないだけで、違反行為を消滅させるのではない。例外1の「1年以上の無違反の期間」を考察するときには違反があるものとして扱う。

　行政処分制度が危険性減退という評価を点数計算に取り入れていることは弁護に際して着目する必要がある。ドライバーの交通関与者としての危険性の有無や程度は当該ドライバーの違反や事故の頻度やその内容によって判断されるという見方をこの制度がとっているのである。

6 停止・取消しの処分基準と前歴計算

ポイント
- 前歴の意味をしっかり把握しよう。

　免許停止・取消しの処分基準は**表4**（次頁）のとおりである。

　一般違反行為については、免許の停止の処分基準は30日から180日まで30日刻みの6段階、免許の取消しの処分基準は欠格期間（あらためて免許を受けることができない期間）が1年、2年、3年、5年の4段階になる。例えば、前歴0回の場合、6点で30日、9点で60日、12点で90日の停止の対象になり、15点で1年の取消し（1年待たなければ免許を受けることができない）、25点で2年の取消し（2年待ち）、35点で3年の取消し（3年待ち）、45点で5年の取消し（5年待ち）の対象になる。なお、表4は、特定違反行為を含めて表記している。

　前歴というのは、「処分の対象になる違反行為のあった日からさかのぼり過去3年間に免許の停止などの行政処分を受けたこと」をいう。3年間行政処分がなければ前歴は0回になる（累積点数が6点以上にならなければ処分の対象にならないことになる）。前歴が1回なら4点で停止60日の対象になり、10点で1年間取消しの対象になる。

　前歴が増えると軽微な違反でも処分対象になり易く（前歴0回なら6点でなり、前歴1回なら4点でなり、前歴2回以上なら2点でなる）、それも一番軽い停止が前歴0回で30日、前歴1回で60日、前歴2回で90日になるなど、初めから重い処分が科される。なお、前歴があっても1年間無事故・無違反で新たな停止処分もなければ、それ以前の前歴は消える。ただし、点数や処分がカウントされなくなるだけで、処分が執行された事実そのものは消えず、新しい免許証の有効期限は3年になる。

　図5（次々頁）の場合、6点で停止処分を受けても、処分期間が無事に終

表4 停止・取消し処分の量定基準

前歴点数	0回	1回	2回	3回	4回以上
1					
2			停止 90日	停止 120日	停止 150日
3			120日	150日	180日
4		60日	150日		
5					
6	停止 30日	停止 90日	1年(3年)	180日	1年(3年)
7					
8		120日			
9					
10	60日				
11		1年(3年)			
12				2年(4年)	2年(4年)
13	90日				
14					
15–19	取消し 1年(3年)	取消し 2年(4年)	取消し 2年(4年)	取消し 3年(5年)	取消し 3年(5年)
20–24			3年(5年)	4年(5年)	4年(5年)
25–29	2年(4年)	3年(5年)	4年(5年)	5年	5年
30–34	3年(5年)	4年(5年)	5年		
35–39	3年(5年)	4年(6年)	5年(7年)	6年(8年)	6年(8年)
35–39					
40–44	4年(5年)	5年	5年	5年	5年
40–44	4年(6年)	5年(7年)	6年(8年)	7年(9年)	7年(9年)
45以上	5年	5年	5年	5年	5年
45–49	5年(7年)	6年(8年)	7年(9年)	8年(10年)	8年(10年)
50–54	6年(8年)	7年(9年)	8年(10年)	9年(10年)	9年(10年)
55–59	7年(9年)	8年(10年)	9年(10年)		
60–64	8年(10年)	9年(10年)	10年	10年	10年
65–69	9年(10年)	10年			
70以上	10年				

＊網かけは特定違反行為（運転殺人傷害等，危険運転致死傷等，酒酔い運転・麻薬等運転または救護義務違反）の欠格期間を表す。

＊（ ）内年数は，免許取消し歴等の保有者が一定期間内に再び免許の拒否・取消しまたは6か月を超える運転禁止処分を受けた場合の年数を表す。

わった日から1年以上無違反で過ごせば、その後は無前歴者として扱われ、累積点数の計算上も加算は2点だけになる。処分が遅れたために対象の違反行為（2点）が処分後1年以内になってしまった場合は前歴1回で累積

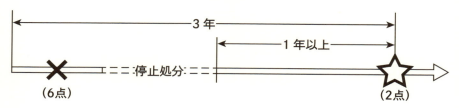

図5

　2点になり、6点の違反以前に停止処分があると前歴2回で一気に60日の停止対象になる。処分の早さ遅さでドライバーが不利になったり有利になったりするのは不合理である。ドライバーの責任や危険性の根拠になる事情ではない。
　私は、これまで「○日の処分の対象になる」という言葉を何回も使ったが、「処分の対象になる」のと「実際にその処分をする」のはイコールではない。ある処分の対象になると必ずその処分がされるのなら（いかなる事情があっても基準の処分よりも軽い処分を科すことがないのなら）意見の聴取も聴聞も行う意味がない。このことについては、点数制度の問題点を踏まえ後にまとめて論じる。

7 点数制度の問題点

> **ポイント**
> ● 点数制度の理解の第1歩はその問題点の理解から。

　点数制度は、多種多量の違反行為等の危険性を点数に換算・還元し、その合計数字によってドライバーの危険度を判定して処分を下し、処分歴の多少や繁閑を勘案し、危険性が高いと判定したドライバーを車社会から隔離したり排除したりする仕組みである。その計算処理は極めて技巧的でわかりにくい。行政処分というのは「免許が半年停止されるらしい」というくらいしかわからないように作った制度だろうと言った人がいる。確かにそういう印象をがあるが、制度の問題点を把握することが弁護の第一歩と心得て、はじめに点数制度の運用をめぐる問題点を簡単に整理しておく。

①決められた基準を機械的に当てはめるだけの処分が多い

　行政処分の目的は、危険な運転行動をするドライバーをその危険度に対応させて車社会から隔離したり排除したりすることにあるのだとすれば、そのドライバーが確かに法に抵触する行動に及んだのかとか、本当に危険な行為に及んだのかについて子細に調べる必要がある。しかし公安委員会は個別の状況を詳細に究明せず違反や危険性を簡単に判定してしまう傾向が強い。

②当てはめの仕方が原因で不公平になる場合がある

　累積点数と前歴回数の評価の組み合わせが不合理な結論を導いてしまうことがある。処分の開始時期のズレが原因になって不当に重い結論になってしまうとか、あと1点低ければ1ランク下がるというような評価区分上の限界事例であることを斟酌してもよいと思われるのに考慮していないと

か、実情を無視した不公平な結論を押しつける場合などがそれである。

③職業ドライバーに苛酷な処分になる場合が多い

　不公平な結論と言えば、運転距離・運転時間が一般のドライバーに比べる極端に長い職業ドライバーにこの基準を一律に当てはめる弊害がある。プロはプロなのだから一般のドライバー以上に注意すべきだと言われるが、運転免許で家族の生活を支えている事情などをまったく無視した処分を断行するのはいかにも不合理である。１日に３百キロ以上も運転するドライバーと１年に何千キロ程度しか走らないサンデードライバーに同じ評価方法を適用すれば、職業ドライバーに苛酷な結論になるのは目に見えている。警察庁の高官は「職業ドライバーは自身の事情を意見聴取の機会に積極的に申し出てほしい」と言っているのだが、現場の対応は苛酷である。

④背景事情を無視した処分が少なくない

　職業ドライバーに限らず、当該ドライバーの個別的事情で理不尽な結果になる場合がある。停止期間中は電車やバスでしのげる人もいるだろうが、文字どおり死活問題になってしまう人もいる。警察も公安委員会も処分の妥当性を自分から進んで検証することはない。ドライバーの方から積極的に主張しない限り適用除外の検討は行われない。

　運転免許の停止処分を受けた者は停止処分者講習を受けると考査成績によって停止日数が一定程度短縮されるが(短縮期間は、処分日数が30日なら20～29日間、60日なら24～30日間、90～180日なら35～80日間と定められている)、取消しの処分には短縮の制度も用意されていない。

8 意見聴取・聴聞に関するルール

ポイント
- 意見の聴取と聴聞の特例の区別を理解する。

道交法第104条は、意見の聴取[*1]に関しておおむね次のように規定している。

① 公安委員会は、第103条第1項第五号の規定（自動車等の運転に関し道交法等に違反したとき）により免許を取り消し、若しくは免許の効力を90日以上停止しようとするとき、第103条第2項第一～四号の規定（自動車等の運転により故意に人を死傷させ又は建造物を損壊させたとき、自動車運転死傷行為処罰法第2～4条に該当する行為をしたとき、酒酔い運転・麻薬等運転をしたとき、救護措置義務違反があったとき）により免許を取り消そうとするときは、公開による意見の聴取を行わなければならない。この場合において、公安委員会は、意見の聴取の期日の1週間前までに、当該処分に係る者に対し、処分をしようとする理由並びに意見の聴取の期日及び場所を通知し、かつ、意見の聴取の期日及び場所を公示しなければならない。

② 意見の聴取に際しては、当該処分に係る者又はその代理人は、当該事案について意見を述べ、かつ、有利な証拠を提出することができる。

③ 意見の聴取を行う場合において、必要があると認めるときは、公安委員会は、道路交通に関する事項に関し専門的知識を有する参考人又は当該事案の関係人の出頭を求め、これらの者からその意見又は事情を聴くことができる。

④ 公安委員会は、当該処分にかかる者又はその代理人が正当な理由がなくて出頭しないとき、又は当該処分に係る者の所在が不明であるため第1項の通知をすることができず、かつ、同項後段の規定による公示をした日から30日を経過してもその者の所在が判明しないときは、同項の規

定にかかわらず、意見の聴取を行わないで免許の取消し若しくは効力の停止をすることができる。

5 前各号に定めるもののほか、意見の聴取の実施について必要な事項は、政令で定める。

この規定に基づき、道交法施行令第39条は、「意見の聴取の手続」として、次のような規定を置いている。

「法第104条第1項の規定による意見の聴取を行う場合における処分をしようとする理由並びに意見の聴取の期日及び場所の通知は文書によって行う。意見の聴取の期日及び場所の公示は公安委員会の掲示板に掲示して行う」。

また、道交法第104条の2は、「聴聞の特例」に関しておおむね次のように規定している。

1 公安委員会は、第103条第1項又は第4項の規定（①政令で定める幻覚を伴う精神病にかかっている者・政令で定める発作により意識や運動の障害をもたらす病気にかかっている者・その他政令で定める自動車等の安全な運転に支障を及ぼすおそれがある病気にかかっている者であることがそれぞれ判明したとき、②認知症であることが判明したとき、③政令で定める目が見えないことなど自動車等の安全な運転に支障を及ぼすおそれがある身体障害者であることが判明したとき、④アルコール・麻薬・大麻・あへん又は覚せい剤の中毒者であることが判明したとき、⑤これらのいずれかに該当することを理由として公安委員会が指定した適性検査を受けず又は医師の診断書を提出しなかったとき、⑥重大違反唆し等をしたとき、⑦道路外致死傷をしたとき、⑧その他免許を受けた者が自動車等を運転することが著しく道路における交通の危険を生じさ

せるおそれがあるとき）により免許の効力を90日以上停止しようとするときは、行政手続法第13条第１項の規定による意見陳述のための手続の区分にかかわらず、聴聞[*2]を行わなければならない。

> ＊１　点数制度による処分に適用されるのが「意見の聴取」であり、「聴聞」は点数制度によらない処分に適用される制度である。運転免許の処分には２つの意見陳述方式が併存している。
> ＊２　行政手続法第13条第１項は、不利益処分をしようとする場合の手続として、行政庁に対し、許認可等を取り消す不利益処分などに「聴聞」を義務づけ、それらに該当しない不利益処分などに「弁明の機会の付与」を義務づけ、その他意見陳述を不要とする場合を定める等している。道交法はこれらの手続区分によらず一律に「聴聞」を義務づける。そこで「道交法の聴聞」は「行政手続法の聴聞」の特例ということになる。

２　公安委員会は、前項の聴聞又は第103条第１項若しくは第４項の規定による免許の取消し若しくは同条第２項若しくは第４項の規定による免許の取消しに係る聴聞を行うに当たっては、その期日の１週間前までに、行政手続法第15条第１項の規定による通知をし、かつ、聴聞の期日及び場所を公示しなければならない。

３　前項の通知を行政手続法第15条第３項に規定する方法によって行う場合においては、同条第１項の規定により聴聞の期日までにおくべき相当な期間は、２週間を下回ってはならない。

４　第２項の聴聞の期日における審理は、公開により行わなければならない。

５　第２項の聴聞の主宰者は、聴聞の期日において必要があると認めるときは、道路交通に関する事項に関し専門的知識を有する参考人又は当該事案の関係人の出頭を求め、これらの者からその意見又は事情を聴くことができる。

2 バイク事始めのころ

　所属する弁護士会の会誌エッセイ欄に筆者のバイクライダー談義とバイク紀行記を寄稿した。筆者はバイクマニアを名乗る自信はとてもないが、バイクは車よりは人間的（？）な乗り物のように思え、気に入っていた。

　40歳を少し過ぎたころからバイクにはまった。「バイクの後輪に制動をかける時には、右手、左手、右足、左足のどれを使うか知っているのか」。鑑定人を追及しながら、自らの付け焼き刃知識に冷や汗を流し、これではいかんと一念発起して免許を取ったのがきっかけだった。普通免許を取った修習生のころの仕組みでは、あと数時間だけ教習をよけいに受ければ二輪の免許を貰えたのだったが、当時は目もくれなかったのだ。

　バイクに乗れるようになれば、裁判所通いにも使ってみたくなる。しかし、いくら中は背広でも、フルフェイスのヘルメットと革ジャンパーでは、裁判所で出会う知人の弁護士もとまどい、中には一瞬たじろぐ人もいる。法廷が終わりバイク置き場で相手の弁護士にまた会い、先生もバイクですかとあらためて挨拶、じゃぁちょっと裁判所地下の喫茶店によってバイク談義に花を咲かせたこともあった。

＊

　夏の北海道一周のツーリングに挑戦した。2000キロを6日間で回るのである。超多忙の中、釧路までフェリーでバイクを送り、自分はぎりぎりまで仕事。それから飛行機で先回りしてバイクの到着を港で迎えるという慌ただしさだ。

　すれ違うライダーたちは、たいていお互いに手を挙げ、人差し指と中指でピースサインをするが、中年ライダーの私は何となく恥ずかしい。だが、フルフェイスの革ジャン姿である。すれ違いの瞬間に年格好などわかるわけもない、ただの失敬なやつだ。

　おずおずと手を挙げ、少し指を広げてみる。さて、人間とは不思議な動物、意外に早く恥は捨てられる。2時間もしないうちに結構堂々と手を挙げている自分に気づいた。

　半日も走るとどうだ。両手でピースサインと洒落る者がいると、それも真似をしたくなってくる。両手離しは直線コースでなければできない

から、道路の線形と相手との距離感の見極めが大事。きたぞ、今だ！　だが、こっちが直線ならあっちも直線。ややっ、あいつも両手離しだ！　武蔵と小次郎ではないが、すれ違いざまの瞬間芸である。これ␣ばっかりは相手をみてからでは間に合わない。かねての計画の偶然の一致。にやりと笑ったときは、相手方とはもう100メートル以上も離れている。自分の年をそれこそ完全に忘れたね。

＊

　ゲレンデスキーではターン時の内倒内傾の姿勢はほめられないが、小さいアールを高速で曲がるバイクは、ロッシのようにはいかなくても車体と自分の体を大きく内側に倒さなければならない。人車一体の快感だ。針葉樹林の木漏れ日を斜めに受けた早朝の走りは解放感に満ち、自然の息吹を体感させられる。いい年をして舞い上がっている自分。バイクが若い人たちのこころを奪うのは無理もない。１日の走りでこりこりに凝った首筋を温泉に浸らせながら、私は完全に納得していた。

（東京弁護士会報 2005 年 1 月号）

9 意見聴取・聴聞の実際

> **ポイント**
> ● 意見聴取の傍聴をしよう。
> ● 補佐人になるためには「補佐人出頭許可申請書」を提出する。

　公安委員会は、意見聴取・聴聞制度を使って、免許の取消しや90日以上の停止の対象となるドライバーから公開の場で意見を聞き、処分を行う。意見の聴取と聴聞は制度の根拠が異なるが、実際に行う内容にはほとんど違いがないこともあり、以下は、「意見聴取」と「聴聞」を総称して多くのドライバーが直面する「意見の聴取」と表記することとし、基本的に点数制度による処分を念頭においた説明をする。

1　「意見の聴取通知書」の到着

　公安委員会は、処分の理由になっている違反や累積点数などについて、ドライバーに弁明の機会を保障し、有利な証拠などを出す機会を与えなければならない。行政処分は人の基本的な権利や自由を制限するものであるから、原則としてその言い分を述べる機会を保障しなければならない仕組みになっている。

　昭和49年12月11日浦和地裁判決（行政事件裁判例集25巻12号1546頁、判例時報774号48頁、LEX/DB27603493）は次のように言っている。「運転免許の取消処分にあたって行う聴聞においては、前述した手続構造上、聴聞を主宰するものが事案を十分把握したうえでこれに臨むのでなければ、聴聞において、被処分者の行う主張立証の内容を理解することが困難であることはもとより、被処分者に前述した問題事項を適示し、関連する個々の証拠を開示することも困難であることは言うまでもない。聴聞を主宰した公安委員において事案に対する十分な理解を欠くまま聴聞が実施されるときは、その聴聞は、法の期待する聴聞たる実質を有しないといってよいから違法

記載例1

意見の聴取通知書

第 ×××××××× 号
平成 ×× 年 ×× 月 ×× 日

〇〇〇〇〇〇
〇〇市〇〇〇-〇〇-〇〇

殿

東京都公安委員会

[印：東京都 行政処分 公安委員会]

あなたに対する下記理由による処分に係る道路交通法第104条第1項の規定による意見の聴取を下記により行いますから、定刻までに出席されるよう通知します。

意見の聴取日時	平成 ×× 年 ×× 月 ×× 日 (受付)午前 × 時 ×× 分
意見の聴取場所	東京都〇〇市〇〇町〇丁目〇番地 警視庁府中運転免許試験場(本館〇階) 意見の聴取会場

処分をしようとする理由

平成 ×× 年 × 月 × 日 ×× 時ころ 東京都
における交通違反(交通事故)により、次のとおり行政処分の基準に該当することとなったためです。

<table>
<tr><th rowspan="2"></th><th rowspan="2">違反(事故)発生年月日</th><th rowspan="2">違反行為等の種類</th><th colspan="4">交通事故の種別</th><th rowspan="2">点数</th></tr>
<tr><th>物</th><th>傷</th><th>死</th><th>軽重</th></tr>
<tr><td rowspan="7">処分理由</td><td>平××.××.××</td><td>交差点安全進行・救護義務違反</td><td>*</td><td></td><td>*</td><td></td><td>××</td></tr>
<tr><td></td><td></td><td></td><td></td><td></td><td></td><td></td></tr>
<tr><td></td><td></td><td></td><td></td><td></td><td></td><td></td></tr>
<tr><td></td><td></td><td></td><td></td><td></td><td></td><td></td></tr>
<tr><td></td><td></td><td></td><td></td><td></td><td></td><td></td></tr>
<tr><td></td><td></td><td></td><td></td><td></td><td></td><td></td></tr>
<tr><td></td><td></td><td></td><td></td><td></td><td></td><td></td></tr>
</table>

過去5年以内における取消歴等に有無	有 (無)	過去3年以内の行政処分歴	×回	累積点数	××点

※受付は指定時間から、概ね10分間です。
　裏面を必ずお読み下さい。

書式1

別記様式第 26

第　　　号

補佐人出頭許可申請書

平成　年　月　日

東京都公安委員会　殿
（警視総監）

住所

氏名　　　　　　　　　印

平成　年　月　日　　　　　　　において行われる意見の聴取については、下記の補佐人とともに出頭したいので申請します。

記

意見の聴取の件名	道路交通法違反（　　　　　　　　　　　　　　）
住　　所	
氏　　名	（　　歳） 職業　　　　電話　（　　）
当事者との関係	
補佐する事項	

備考　用紙の大きさは、日本工業規格A4とする。

であることを免れない」。

　公安委員会（警視総監・道府県警察本部長）は、意見聴取期日の1週間前までに、「意見の聴取期日」「意見の聴取場所」「処分事由」「過去3年以内の行政処分歴」「累積点数」などが書かれた「意見の聴取通知書」**（記載例1〔39頁〕）** を送ってくる。様式は全国的な統一基準で定められているが、実際の書面の作りは都道府県によって様々であり、2週間前くらいに送られてくることが多い。

　何曜日は取消し対象者、何曜日は停止対象者というように、予定されている処分の内容により呼び出し曜日を変えている。1回に20人程度のドライバーが呼び出され、意見の聴取は公開の場で行われる。「公開」の判断は各公安委員会でまちまちである。実際には裁判所のように自由に傍聴できるようにはなっていない。県警本部など警察施設の中で行われ、当事者でない者が入ろうとすれば、施設の入口でも意見の聴取会場でも、「何の用ですか」などと聞かれたりする。自分より先の順番の意見聴取者が意見を述べるのを後の順番の者が聞ける状態になっていれば公開になるという考え方が多く、傍聴席ではなく待機席と言った方が実情に近い。意見聴取室に1人ずつ招き入れても、ドアを少し開けてあれば公開になるという「名ばかり公開」の県警が少なくない。公開というなら誰でも自由に傍聴できなければおかしい。意見聴取に関わることを考えている弁護士であれば、何回か意見聴取の傍聴をして現場の様子を肌で感じるようにした方がよい。

2　意見聴取の実情

　道交法は、「意見の聴取者やその代理人は、意見の聴取の際に当該事案について意見を述べたり有利な証拠を提出することができる」と定めている。代理人というのは、事情などがあって欠席する本人に代わって意見を述べる人を言い、家族などが代理人になる例が多い。

表1　違反取締り件数の推移・行政処分件数の推移

年別 区分	2004年	2005年	2006年	2007年	2008年	2009年
違反取締り件数	8,505,919	8,939,678	8,573,609	8,480,056	8,175,691	8,345,760
取消し	67,135	62,342	61,384	50,176	39,971	42,193
90日以上停止	161,731	152,650	145,724	116,100	93,713	81,759
90日未満停止	724,423	703,213	647,536	567,708	483,508	452,053
合計	953,298	918,205	854,644	733,984	617,192	576,005

　意見聴取や聴聞の世界では、弁護活動をする者を「補佐人」という。補佐人は刑事事件の弁護人に相当し、本人と一緒に出頭して弁護活動を行う。補佐人は公安委員会の許可がなければ就任できないので、「補佐人出頭許可申請書」(**書式1**〔40頁〕)を準備する。数日前までに提出することを求める公安委員会が多い。弁護士であれば補佐人就任の許可は確実に得られよう。

　意見の聴取者は自身に有利な証拠を提出することができる。一時停止線で車両が停止した状況を見ていた同乗者を参考人として同行するとか、被害状況が当初の想定よりも軽かったことを明らかにするため事故の被害者などの関係者を参考人として同行することも考えられる。

　しかし、意見聴取の実情を見ると、この制度は本来予定した形で運用されているとはとても言えない。公安委員会や警察に意見聴取制度を正しく実行しようと姿勢が欠けているため、多くのドライバーは意見聴取の機会に自身に有利な証拠を公安委員会に提出できることを知らない。

　ドライバーが詳細に弁明したり、実際に証拠調べをすることになれば、公安委員会の事務量は現状とは桁違いに増える。公安委員会はできるだけそれを避けたいと考えている。交通取締りのあり方などに対する批判や要求の世論が盛り上がるきっかけになることも嫌う。

2010年	2011年	2012年	2013年	2014年	2015年	2016年
8,040,944	7,844,013	7,804,828	7,442,124	7,034,892	7,055,982	6,739,199
50,375	46,379	45,034	41,246	40,350	42,844	42,248
70,239	61,337	59,019	53,376	48,185	48,954	49,284
405,241	365,009	346,451	314,461	280,675	267,952	250,141
525,855	472,725	450,504	409,083	369,210	359,750	341,673

単位：人

　意見聴取の実情を言えば、1度に20人ものドライバーを呼び出し、2時間くらいの間に全員の聞き取りを終えてしまう。一人ひとりの言い分を丁寧に聞く時間はない。「38キロオーバーですね。どうしてこんなにスピードを出したのですか。あなたには前歴もあるし、もっと気をつけなければいけなかったのではないですか」などと言われ、「すみません、ちょっと急いでいました。これからは気をつけます」などと答え、だいたいこの程度で終わる。急いでいた事情が無理もないものだったかどうかとか、免許の取消しが当該ドライバーの周辺に想定外の不利益を生じさせないかというようなことを調べる姿勢はほとんどない。

　1人のドライバーに5分くらいの時間しかかけないのだから、そのような対応しかできないのは当たり前である。検察官役の警察官と裁判長役の主宰者の2人しか立ち会わず、書記官役の職員もいない。意見を陳述するドライバーが同乗者や被害者を同行したとしても、その人たちが話す内容を正確に記録する態勢もない。実際に補佐人予定者を同行するドライバーは極めて少数だ。当局は補佐人がどのくらい付いているかという数字も発表しない。筆者の観察では意見聴取の会場に1人いるかどうかというところだろうか。

道交法の目的は「道路における危険を防止し、交通の安全と円滑を図ること」などにある（1条）。それならば、公安委員会の処分は、当該ドライバーの危険度はどの程度のものであったのかとか、どうして安全を守れなかったのかということを科学的、合理的に判定した上で行うものでなければならず、処分の妥当性もその視点に立って考えなければならないはずである。道交法第103条は「違反があったら処分しなければならない」ではなく、「処分することができる」と規定され、事情によっては基準どおりの処分をしなくてもよいという趣旨が込められている。処分は実情を踏まえて行えと言っているのである。

3　結論は具体的な事情に見合ったものに

　道交法違反の取締り件数は時期・時代によって大きく変わり、最近は以前に比べかなり少なくなっているが、それでも年間500万件を超え、大量処理は必然的に画一的な対応を生んでいる**(表1〔42頁〕)**。筆者の経験で言えば、現在の公安委員会の処分の姿勢は、違反件数が年間1000万件を超えていた時代よりも画一的処理に突き進んでいるように思える。

　点数が一定の基準に達したときには例外なく対象の処分が実行されるというものではない。道交法の基準はあくまでも基準に過ぎず、実際の結論は具体的な事情に見合ったものにしなければならないという道交法の基本的な姿勢が忘れられているように思えてならない。

10 意見聴取に向けた準備

> **ポイント**
> - 「運転記録証明書」を取り寄せる。
> - 証明書の記録を踏まえ、違反や事故の実情を正確に把握する。
> - 補佐人意見書、陳述書などの書面は聴取日に先立って提出する。

1 事前準備が肝要

90日以上の停止と取消しの対象の場合には意見聴取が義務づけられ、公安委員会はその手続を経ずに処分することが基本的にできない。例外は、出頭を求める連絡を無視したために正当な理由のない不出頭とみなされた場合（道交法第104条4項）などに限られている。

とは言え、意見聴取の実務実情は多く形式的・機械的に基準どおりの結論に突き進む。その空気に抗し補佐人にできることは何か。公安委員会の行政処分実務の根本的な変革については後にまとめて述べることにし、ここでは現在の実務状況を前提に、意見聴取に向けた準備の方法を考える。意見聴取当日の僅かな時間にやれることは限られているので、聴取期日に先立つ準備が重要になる。

弁護士に相談する前にドライバー自身が点数状況を正確に把握してくるのが本来なのだが、そこまでしてくる相談者は少ない。弁護士の指導はそこから始まる。

2 運転記録証明書を取り寄せる

相談者に対し、各都道府県の自動車安全運転センター事務所長発行の「運転記録証明書」（47頁の**記載例2**）を取り寄せるように指示する。証明書には当該相談者がいつといつどのような内容の道交法違反を犯し（あるいは交通事故を起こし）、それぞれ何点の点数が付き、行政処分の前歴が何回あ

り、現在の累積点数が何点かなど、公安委員会が把握している点数や前歴の情報が記録されている。特例が適用されて点数計算がされないとか、処分対象の点数になっているが事案の捜査が続いていて処分されないでいるなどという情報も記載されている（そういうケースを「未処分事案」という）。現場で違反を争っていても、サインや切符の受け取りを拒否していても、点数は基本的に記録されている。

　切られた切符の本人控えを持参してくる相談者は多くない。弁護士の前で自分の違反の時期と内容を正確に言える相談者も少ない。実際には違反と違反の間にどれだけの期間が空いているかとか、何キロの速度違反かというような個々の情報により、予測される累積点数や処分が変わってくる。筆者の事務所を訪れた相談者が自身の違反歴を正確に言えなかったために適切な助言ができず、証明書を取ってあらためて来て貰うことにした例は枚挙にいとまがない。電話などによる最初の相談依頼の際に、証明書を受け取ってくるように指示する場合もある。

　警察官は違反を把握すると迅速に自動車安全運転センターに連絡することが義務づけられている。点数計算は「いつの違反か」を問題にする。違反の存在を覚知した警察官がすみやかに連絡しないと処分内容に混乱や誤算が起きるためである。ただし、事故を伴う場合には、事故の実情や被害状況によって点数が変わることもあり、センターへの連絡が遅れる場合が少なくない。

　証明書の交付申請用紙は警察署や派出所に備えつけてある。郵便振替用紙が添付されており、申請書の所定欄に必要事項を書いて手数料630円（2017年8月現在）を添えて郵便局で申し込むと2週間ぐらいで送られてくる。2週間と言えば、呼出状が送られてきた後では期日を延ばして貰わない限り間に合わなくなることが多い。ドライバーとしては自分の点数が「危険領域」に達したように思われたら、時機を外さず運転記録証明書を取

記載例２

整理番号	××××P×××××

□□□-□□□□
東京都 □□区 □□ -□□-

様

運転記録証明書

申請者	氏　名	○○○　○○○
	生年月日	昭和　××年××月××日生
	免許証番号	××××××××××××

行政処分の前歴	0 回	累積点数	25 点

年月日	内容	点数
平成××年××月××日	○座席ベルト装着義務違反	1 点
平成××年××月××日	●酒気帯び(0.25以上)　速度超過（２５以上３０未満）指定	25 点
	以下余白	

証明事項

備考
○印の違反は、２年以上無事故・無違反者に対する特例により
　点数計算はされません。
●印は、未処分事案

平成××年××月××日 現在の過去 5 年間の記録は、上記のとおりであることを証明します。

平成××年××月××日

自動車安全運転センター
東京都事務所長

り寄せておく必要がある。

3　違反や事故の実情を把握する

　証明書の記録を踏まえ、違反や事故の実情を正確に把握する。多くの違反は車両走行中の現象である。どこで行ったどのような行動が違反とされたのか、警察官の把握に誤認があるというのなら現場の実情や検挙時の状況などを再現する必要がある。現場調査が必要になる場合もある。できる限り写真や動画の撮影を行い、図面にまとめる。相談者が図面を作ってくることもあるが、正確を期し弁護士自身が作成する必要がある。事実関係はそのとおりだが違反には事情があるという場合もある。その事情も詳細に聞き出す。急病の家族を医療機関に運ぶ途中であったというのなら診断書も入手したい。この調査活動はできることなら呼び出される前に済ませておきたい。呼び出されてからでは時間が足りないのである。

4　調査を尽くせないときは延期申請を検討する

　聴取期日までに調査を尽くせないと判断したときは、聴取期日の延期申請を検討する。呼出状には通常返信用のはがきが同封されている。はがきには当日に出頭するかしないかを書く欄があるので、そこにどう書くかについて相談者と相談する。延期を要請するのならその返事と整合していなければならない（相談者が出頭の返事を書いて、弁護士が延期の申請を出すと混乱する）ので、返信を出す前に弁護士と相談してほしいと言う必要がある。

　延期申請への対応は公安委員会によっていろいろであるが、ずるずる延ばされることを一様に警戒している。「補佐人就任を希望しているが、当日までに準備が整わない」と言うのがよいだろう。多くの公安委員会は延期を承認しても１週間か２週間先の同じ曜日を指定してくる。あまり長期の延期を求めると抵抗されるが、治療継続中とか捜査継続中などの場合は、

そのことを言って延ばして貰う必要がある。

5　提出書類は、意見聴取日以前に提出する

　意見聴取日に先立ち、「補佐人意見書」（正確には「補佐人になろうとする者があらかじめ作成する意見予定書」なのだが、そこまで神経質になることもない）をまとめる。意見の聴取は「1回結審当日判決」の刑事裁判のようなものなので、第1回公判期日の「弁護人意見書」と審理終結時の「弁論要旨」を兼ねたものになる。ドライバー自身の「陳述書」も欠かせない。本人の陳述書は被告人本人の公判調書のようなものである。自身の身上からはじめて事件の全容を書き、自身が考える捜査の不合理や矛盾を記す。筆者は、事実関係の詳細は陳述書にまとめ、意見書は弁護士としての見識を記すという振り分けをする場合が多いが、具体的な対応は創意工夫の問題である。写真や動画や図面は補佐人意見書に添付するもよし、陳述書に添付するもよし、独立の証拠として提出してもよい。なお、家族や会社上司などの陳述書もできれば用意したい。

　大切なのは、これらの書面を意見聴取日に先立って公安委員会に提出することである。遅くとも意見聴取日の2、3日前までには公安委員会に届けたい。日にちが切迫しているときには、確実な提出を期して本人か弁護士自身が直接届けに行くこともある。送り届ける場合には、何月何日に何番の番号で呼び出されている誰々だと封筒表面に記しておいた方がよい。意見聴取の会場と公安委員会の住所が違うことが多いが、日にちが切迫しているときは会場の住所気付けの「公安委員会」名宛てにする。先に紹介した判例にもあるように、事案を十分把握したうえで審理に臨むのでなければ、ドライバーの主張立証の内容を理解することが困難になるから、公安委員が補佐人の提出資料に目を通しておくのは当然のことになる。

　なお、これまで意見の聴取が行われる行政処分を前提に述べてきたが、

準備を尽くしたいという希望は30日と60日の短期免許停止にも当然あり得る。短期免許停止の場合には意見聴取は法律上義務づけられていないので、呼び出しに応じて出て行くと直ちに処分が伝えられることになるが、この場合も意見を述べることが禁止されている訳ではない。これまでに述べた陳述書や補佐人意見書を提出することを視野に入れて対処してよい。
　詳細は、後述するが、公安委員会は、基本量定の期間が30日又は60日に該当する者についても、特段の事情がある場合には行為者の危険性を定型的に評価推認することが実情にそぐわなくなる場合があり得るので、そのような事情があるときは、本来の処分を猶予することができるという立場に立っている。当該行為者の主観的、客観的事情を総合的に判断して処分軽減の是非を決定するのである。

11 意見の骨格

> **ポイント**
> - 批判に耐える説得力が必要になる。
> - 具体的なデータを伴なう主張をする。
> - 創意ある証拠提出を考える。

　主張する意見の柱は何か。筆者は次のようなことを指摘する場合が多い。

　ア　違反の内容や交通状況を考えると道路交通上の危険や障害を発生させていない（発生させていても僅かである）。
　イ　違反の原因は道路の設備や構造の不備など、ドライバー以外のものにある（それらのものにも原因がある）。
　ウ　違反はあるが、その背景に急病人の輸送や劣悪な輸送条件や労働条件など、特別な事情がある（それらの背景事情にも原因がある）。
　エ　事故の原因は被害者側の過失や道路設備、構造の不備、不合理な規制などにある（それらの事情にも原因がある）。
　オ　累積点数の過去のケースにもイ～エの評価をすべきものがある。
　カ　点数区分のあり方に起因する不合理など、ドライバーの責任とは言えない（言い切れない）事情で苛酷な結論になっている。
　キ　基準どおりの処分を受けると、職場の同僚の業務や家族の生活などに大きな不利益が生じ、周囲の人々までが違反の責任を問われるような理不尽な結果になる。
　ク　本人は違反を犯したり事故を起こしたりしないように日ごろから安全運転を心がけており、車両を利用した社会活動など有意義な行動に従事している。

　筆者の経験を言えば、アやイの主張に対する公安委員会の抵抗はかなり強い。その指摘は警察の交通行政や交通取締りに対する批判になる場合が

あるからであろう。だが、これらのことはドライバーの交通関与者としての危険性を考える上で欠かし難い論点である。中途半端なことは書けず、批判に耐える説得力が必要になる。

ウやエについては、その事情をどれだけ証明できるかが鍵になる。具体的なデータを伴わなければ、本当にそうかどうかわからないと受け止められる。

オは重要な論点である。意見の聴取は今回の違反（最終のケース）について意見を聴くという形で行われるが、ドライバーとしては過去のケースに関する言い分が封殺され、累積点数だけで論じられるのは困る。過去の違反の評価が変わればまだ処分対象に達していないとか、もっと低い処分対象に該当する可能性もあるからである。

カは点数評価の区分が生む不合理であり、一律に基準を適用することによる矛盾である。例えば、前歴1回のドライバーは累積点数が10点でも19点でも欠格期間1年の取消しになる。9点と言えば一般道で25キロ以上30キロ未満の速度違反を3回繰り返したときの合計点数である。それほどの差があっても危険性の程度を同一とみるのは合理性を欠く。実情に即して危険性の程度に差を付けるべきだという批判が登場しておかしくない。大量処理は避けられないので、「一律処理批判」を持ち出したらきりがないと言われることがあるが、ケースによってはそのような一般論では済ませられない極端な不合理が生じることがある。

キは公安委員としては比較的耳を傾け易い論点である。ア～カは一応は警察の「責任範囲」の事象になるけれども（したがって、そのことは検討済みとされがちである）、職場の同僚の仕事や家族の生活への甚大な影響と言われると、警察としてはそのことは気づかなかったと言いやすい（言われなければ気づかず、知らなかったとしてもとがめられない）。どれだけ現実的な困難に直面するのか、家族の通院証明書だとか職場の同僚などの陳述書など、

創意ある証拠提出を考えてほしい。

　クは、「危険性が高い」と思われているドライバーにもこのような安全実践者の側面があるという事情を示すものである。救命講習を受けているとか車を手放したとか、交通安全や人の生命や健康の保持に尽くしている事実を立証することになる。書けることがあればなんでも書く。芋の品評会で高い成績をとったことを示す表彰状は役に立つかと言われたことがあったが、表彰に意味があるのではなく、表彰を受けるまで土壌改良のために、肥料を大量に運ぶのにひんぱんに車を使ったこと、車の使用が自分の仕事に欠かせないことが大切だと説明した。また、ボランティアでパソコンを修理しさまざまな保護施設に自分の車で運んで提供していると言われ、そのことを写真付きで紹介したことがあった。どちらも「車を使う」ところがミソである。

交通事故鑑定は科学的に

　事故現象を科学的に分析せよというのは天の声である。行政処分に交通事故事件が登場することはそれほど多くないが、事故解析の判断の誤りが行政処分の結論を左右するのは許されることではない。問題は今日も変らず続いている。警鐘を鳴らす意味で紹介する。

　昨年（1979）末、最高裁は、トラックと衝突した乗用車の運転者に関する業務上過失致死事件で、一、二審が有罪判決の根拠として採用した乗用車の走行速度の鑑定は疑わしいとして高裁に差し戻す判決を言い渡した。この種のケースでは初めての最高裁判決である。

　遅きに失したとは思うが、ようやくこのような判断が出されたことに私はあらためて感概深いものがある。

　交通事件は、瞬時に発生完了するため事案の正確な再現が難しく、無責任な創作を許しやすい犯罪である。その裁判は、過失犯の気安さから不注意の認定に安易に走りがちである。また、同種事犯が多い(地裁刑事事件の四分の一近くが交通事件である)ため、裁判は事務処理的にすすめられることが多い。

　このような誤判につながる悪条件が競合して存在する交通事件では、科学的な捜査と裁判を保障することがとりわけ重要になる。

　私は、交通事件の事実認定と鑑定をめぐる問題点として、次の点を指摘したい。

　第1は、捜査当局の事故解析能力の欠如である。事故解析の力を十分にもたない捜査官が、運転者の責任について誤った判断をおかすケースが少なくない。実務の中では、常識では考えられない現場の見取り図の作図例や、それにもとづく取り調べ調書に出会うことがよくある。捜査方針を決める段階の誤った判断が検察官に引き継がれ、公判で検察側に迎合する誤鑑定に発展するケースがあるだけに、このことは重大である。

　第2は、非科学的な鑑定の存在である。事故の力学的解析にはそれほど高度の物理学上の知識を必要とするものではないが、専門家の判断の中にも時として基本的なミスと非科学的な断定がみられる。

　その原因として、事故解析の多くが、科学捜査研究所など捜査当局側の研究機関や、当事者性をもつ可能性のある自動車メーカーなどによっ

てなされていることがあげられる。

　事故解析の能力をもつ公平な第三者は極めて少ない。そしてそのことは、事故解析学の真の発展を阻害し、不当に責任を負わされる被害者を構造的に生むことを意味する。

　第3に強調したいのは、裁判関係者の事故解析に向けた姿勢の弱さである。裁判官、検察官、弁護士を通じて、解析報告書や鑑定書を分析検討する能力と意欲は決して十分とはいえない。特に、定型事故処理的発想で交通事件をとらえる傾向は、事案の解明を一層困難にしている。例えば、1967（昭和42）年から1977（昭和52）年の11年間で、地方裁判所の刑事鑑定は58％も減少してしまったが、このことは真実の発見という裁判の目的から後退する方向に事態が進みつつあることを示すように思えてならない。

　年間50万件もの交通事故が発生している今日、我々の日常生活の周辺に無実の罪に泣き、非科学的な事実認定に苦しむ者がふえることがあるとすれば、それはひとつの重大な人権問題である。日弁連は、1979年11月人権擁護大会で「裁判と鑑定」のシンポジウムを開くなど、鑑定問題に関する具体的な検討を開始しているが、私は早急に確立する必要があると思われるいくつかの事項をあげておきたい。

　まず、法律実務家が交通事件をベルトコンベヤー式に処理する昨今のやり方を改めて、科学的な事実認定のために、もっと努力することが第一歩である。

　そして弁護士会は、交通事故鑑定の現状に関する批判的検討を組織的に推進し、事故解析の独占状況を打破する方向を具体的に明らかにすることである。

　また国は、交通事故鑑定の科学化のために、各種研究機関が得ている鑑定に関する情報、研究実験設備などを国民に公開開放するよう立法上、行政上の改善に着手すべきである。

　交通事故鑑定科学の真の発展は、国民と切り離された密室の中では期待できない。そしてその被害者は主権者である国民であることをしっかりと認識しなければならないと思うのである。

（1980年1月22日・朝日新聞論壇）

12 処分量定の特例及び軽減の基準

ポイント
- 処分軽減事由や処分猶予事由の具体例を知る。
- ドライバーの側から積極的に主張・立証する。

1 処分が軽くなるのは

　意見聴取の結果、処分が軽くなるのはどのような場合か。また、どの程度軽くなるのか。公安委員会は本来の基準より軽い処分を行う場合について、その考え方を「処分量定の特例」や「処分の軽減」や「処分猶予」という形で具体的に示している。

　その内容は、「運転免許の効力の停止等の処分量定基準の改正について」という通達（警察庁丙運発第40号平成25年11月13日警察庁交通局長）が定めている。「改正」とあるのは、もともと「運転免許の効力の停止等の処分量定の特例及び軽減の基準について」という平成21年4月30日の通達（警察庁丁運発第44号）を標準としていたのを、平成25年の道交法改正（平成25年法律第43号）やこれに伴う関係政令の改正施行に合わせて、処分量定基準を改正し、同年12月1日以降にした行為を理由とする運転免許の効力の停止等の処分量定基準の新しい標準として全国の都道府県警察の本部長等に通達したものである。

　もっとも、改正点は、無免許運転の基礎点数が引き上げられ、違反行為の種別から酒気帯び（0.25未満）と無免許運転が削除されることになったため、点数制度によらない免許の効力の停止等の処分の基本量定のうち、危険性帯有の対象となる違反行為の種別から酒気帯び（0.25未満）と無免許運転を削除することとしたというのが中心で、基本的な基準は以前と同じである。

　平成25年11月の警察庁交通局長発の通達は、概要次の内容で構成さ

れている。
第1　運転免許の効力の停止等の処分量定基準
　1　点数制度による運転免許の効力の停止等の処分の基本量定
　2　点数制度によらない免許の効力の停止等の処分の基本量定
　3　麻薬等使用者等に対する免許の効力の停止の処分量定基準
　4　暴走行為者等に対する免許の効力の停止等の処分量定基準
　5　違反者講習不受講者に対する免許の効力の停止等の処分量定基準
　6　処分量定に関する特例
第2　処分の軽減及び処分の猶予
　1　取消し等の処分の軽減
　2　停止等の処分の軽減および猶予
第3　停止等の処分の期間の短縮

　この通達は、運転免許の効力の停止等の処分量定基準等に関する基本原則である。巻末に資料として添付するので参照してほしい（→**資料2**〔本書134頁〕）。ここでは処分量定の特例と処分の軽減及び処分の猶予の要点を紹介する。

2　処分量定に関する特例

　まず、「処分量定に関する特例」である。「ドライバーの責任とは言えない理由で、違反行為発生順に処分できなかった場合」の特例を見よう。前歴0回のドライバーが一般道で50キロ超過の速度違反で捕まり、行政処分を受ける前に同じく38キロ超過で検挙されたとする。前者は12点、後者は6点、両者を合わせて18点であるから、基準は1年の取消しの対象である。しかし、このドライバーが前者の12点だけで処分を受けていれば、後者の

6点は「前歴1回の6点」で90日の免許停止で済んでいた。処分時期が遅いか早いかにより結果に差が出ることをどう考えたらよいか。

「処分量定の特例」は、「点数を累積させて処分量定を行った結果、順に処分した場合に比べ重い処分になるときは、順に処分を行った場合の停止日数まで軽減する」とする。上記の例で言えば、1年の取消しではなく90日の免許停止になる。「違反行為発生順に処分できなかった理由がドライバーの責任ではない」と言えるのは、例えば呼び出し通知の遅れについてドライバーに責任がないときなどである。

ルールを形式的に当てはめてはならない、実質的に判断せよということである。この考え方に立てば、処分基準にギリギリでかかってしまった場合などにも救済されるケースが出てきてよいはずである。基準の当てはめの過程で不合理な結論を導かないように配慮しなければならない。応用問題として、先の事例で、前者と後者の違反が逆（6点が先で12点が後）だったらどうなるか。考えてみてほしい。

3　処分の軽減

次に、「処分の軽減」である。まず次のどれかに該当し、危険性が低いを判断されることが必要である。

　　ア　「事故の被害」か「不注意の程度」の少なくとも一方が軽いとき。
　　イ　災害・患者搬送などやむを得ない事情があるとき。
　　ウ　違反が他の強制によるなどやむを得ない事情があるとき。
　　エ　被害結果を重大にするなど被害者側に特別の事情があるとき。
　　オ　被害者がドライバーの身内であるとき。
　　カ　ア〜オのほか、改善の可能性があるとき。

この事情が認められるドライバーのうち、「処分を軽減することが運転者としての危険性改善に有効だと認められる者」は30日の処分軽減をはかっ

てよく、「無前歴者」で「ア～カのうちの2つ以上に当てはまる者」で「処分を軽減することが運転者としての危険性改善に有効だと認められる者」は60日の処分軽減をはかってよいことになっている。

4　処分の猶予

　3番目に、「処分の猶予」である。30日の停止対象ドライバーで、「処分を猶予することが運転者としての危険性改善に有効だと認められる者」は処分を猶予することができる。次に60日の停止対象のドライバーの場合は、「無前歴者」で「ア～カのうちの2つ以上に当てはまる者」で「処分を軽減することが運転者としての危険性改善に有効だと認められる」にはやはり処分を猶予することが認められる。

　なお、通達は、軽減や猶予をする際の留意点として、次のように言う。〈軽減については、事由があったら無条件に軽減するのではなく、違反の内容や運転者としての危険性を慎重に検討し、社会的に相当と認められる範囲内で軽減するようにし、不公平にならないように慎重に検討すること。60日軽減は明確な特殊事情があるものに限ること。猶予についてはドライバーを必ず出頭させ、十分な説明を行い指導すること〉。

5　ドライバーへの基準周知を

　抽象的な言葉が並び、相談者の違反に軽減措置が講じられるのかどうかよくわからない感じになるが、このような量定や軽減の基準が現実に設けられているということは極めて重要である。「処分量定の特例基準」は、ドライバーが訴えるか否かにかかわらず、公安委員会の責任で実行しなければならないルールであるが、実際には「ドライバーの責任とは言えない理由」はドライバーの方から積極的に主張・立証しなければ判断されない。不合理な話だが、公安委員会(主宰者)の方から進んで聴き出してくれるも

のではないことを肝に銘じる必要がある。

　実際問題としても、「処分の軽減」や「処分猶予」に結びつく事情の多くは、公安委員会が初めからわかっていることではなく、その一方、その事実を訴えれば配慮されるかも知れないという事情をドライバーは理解できていないことである。基準を決めた以上はその存在をドライバーに周知し、ドライバーが主張・立証できるような手立てを講じなければ生きた基準にならない。

　ずいぶん以前の筆者の経験であるが、１年の取消し対象事案を停止120日にさせ、講習を受けて60日ほど後には再びハンドルを握れたタクシー運転手がいた。本来の対象の処分から１つ下の軽い処分にすることを「１ランク下げる」などと言うが、これは「１年の取消し」から「３ランク特下げ」であった。最近は基準が全国的に統一され、大まけなし画一化の傾向が明確になったため、このような話は昔語りになってしまったが、事情によって処分を軽減する必要は今も確実にある。

　意見聴取の現場に広がるドライバーたちの不満や批判、そして彼らに向かいあっている現場の警察官たちの実感を反映した処分行政が広く実施されるべきである。

13 補佐人就任

> **ポイント**
> - 補佐人を引き受けるかどうかの判断をする。
> - 弁護費用はどう考えるか。

1 行政処分特有の悩ましさ

　筆者に相談する少なくない相談者が、その前にほかの弁護士に相談し、その弁護士から「自分は行政処分について詳しくない」と言われたと告白する。「補佐人はかんべんしてくれ」と言われた人もいる。弁護士と話をしていたら自分の方が実情に詳しいことがわかってこれ以上話しても仕方がないと思ったと言った人もいた。ネットには怪しげな知識があふれ、尾ひれの付いた無責任な情報が飛び交っている。思い違いをしている相談者も少なくない。弁護士関与という基準で見ると、行政処分はまさに混沌の世界である。

　相談者が意見の聴取には自分で対応すると言っているときにその意思を尊重するのは当然だが、補佐を依頼されたときに補佐を引き受けるか、ドライバー自身にまかせるかは事案により異なり、受任に関する定則はない。民事代理や刑事弁護を依頼された場合にも通じる問題でもあるが、良い結果がどれだけ見通せるかという問題が立ちはだかる所に行政処分特有の悩ましさがある。

　現状を前提に言えば見通しは一般に厳しい。どうにもならないと思われる事案にははっきりそのように言うが、悩ましいのは展望は厳しいとは言え、相談者の言い分には合理的な根拠があると思われる事案である。事実関係はそのとおりかも知れないが、このまま基準どおりの処分が科されるのは見過ごせないというケースもある。捜査段階や少年事件に弁護士がつく例はこの間増えたが、弁護士関与というレベルでみる限り行政処分の世界は明らかに夜明け前である。

種々考え合わせ、そういうケースでは、「見通しは厳しいが、覚悟の上ならやってみよう」という言い方になる。「それでは諦めます」という人も「自分の力でやれるだけやってみます」という人もいる。前者のような市民を増やして警察にはどういうメリットがあるのかと思い、後者の市民にはグッドラックと応援の言葉を贈る。

　補佐人を引き受けたときは、前記の**補佐人出頭許可申請書**（40頁）を作成する。これは相談者が公安委員会に提出する書類である。予め書面を準備しておいて受任契約締結の際などに所要事項を書き込んで貰い、補佐人意見書の提出時に一緒に提出すればよい。

　弁護士諸氏には可能な限り補佐人を受任して貰いたいと思う。行政処分や意見聴取に関する法解釈やしくみの知識にはわかりにくいところがあるが、特別に高度の知見を必要とする法分野ではない。

2　弁護士報酬基準の参考例には道交法行政処分事件がない

　弁護士報酬基準の参考例には道交法の行政処分事件という事件区分がない。弁護士にとってこの種の事件がいかに未開拓であるかがわかる。弁護士が関わる問題ではないと弁護士自身が決めつけてきたということもあろう。

　ドライバーによっては刑事事件で罰金を払うのは覚悟しているが、免許の取消しだけは何とか回避したいと考える人もいる。隠れた相談需要は確実に存在する。意見聴取そのものは一日で終わり直ちに結論が出るのが普通なのだが、これまで述べたように、実質的な補佐人活動の多くは意見聴取日の前にある。刑事事件の捜査段階の弁護士費用を参考に、しかし一般的な事務量などを考え、筆者は着手金を15万円前後、処分なしで済んだとか、ランクが下がったときなどには、やはり15万円前後程度の報酬金をいただくことが多い。多くの弁護士が行政処分に関与するようになり、この

分野にも相場と言えるものが生まれるようになってほしい。

　点数制度による処分の際に行われる意見聴取は道交法第104条第1項に基づくが、聴聞は点数制度によらない行政処分として道交法第104条第2項に基づいて行われる。どちらもドライバーの弁明を聴く機会であり、実際の手続は同じである（通知書は**記載例1**〔39頁〕と**記載例3**〔64頁〕の違いがある）。

　また、免許をすでに失っている（と公安委員会が考えている）対象者には免許の取消しとか停止とかの行政処分を行う余地がないことになるが、そのドライバーが将来再び免許を取ろうとしたときに免許証の交付を一定期間停めることになるので、それに先立ってドライバーに弁明の機会を与えることとされている。道交法第90条第4項もしくは第7項に基づく弁明の機会の付与がそれである。その通知書は**記載例4**〔65頁〕である。

記載例3

別記様式第6

第××××××号

聴 聞 通 知 書

平成××年××月××日

□□□□ 殿

東京都公安委員会

[印: 東京都 行政処分 公安委員会]

　あなたに対する、下記の事実を原因とする不利益処分に係る行政手続法第13条第1項第1号又は道路交通法第104条の2第1項の規定による聴聞を、下記のとおり行いますので通知します。

記

聴 聞 の 件 名	道路交通法違反（　　運転免許の行政処分　　）
予定される不利益処分の内容	運転免許の取消し処分
根拠となる法令の条項	道路交通法第103条第1項第6号
不利益処分の原因となる事実	酒気帯び運転唆し等（同乗） 平成××年　××月　××日
聴 聞 の 期 日	平成××年××月××日　午前9時00分（受付）
聴 聞 の 場 所	千代田区霞が関二丁目1番1号 警視庁本部　聴聞会場
聴聞に関する事務を所掌する組織　名称	警視庁運転免許本部　行政処分課　処分執行第一係
所在地	品川区東大井一丁目12番5号 　　　電話：03-6717-3137（代表）　　内線：5172

備考　1　あなたは聴聞の期日に出頭して意見を述べ、証拠書類、証拠物（以下「証拠書類等」という）を提出し又は聴聞の期日への出頭に代えて陳述書及び証拠書類等を提出することができます。
　　　2　あなたは、聴聞が終結するまでの間、当該不利益処分の原因となる事実を証する資料の閲覧を求めることができます。
　　　3　その他、聴聞に際しての留意事項は裏面のとおりです。

記載例4

第M×× - ××××号

弁 明 通 知 書

平成××年 ×月 ×日

□□□□ □□□□ 殿

埼玉県公安委員会 ㊞

あなたに対する下記の事実を原因とする処分に係わる道路交通法第90条第4項若しくは第7項の規定による弁明の機会の付与を下記のとおり行いますので通知します。

記

弁 明 の 件 名	運転免許の行政処分				
予定される処分内容	運転免許の	☐ 拒否	☑ 取消		
根拠となる法令の状況	道路交通法第90条	☐ 第1項 ☑ 第5項		☐ 第2項 ☐ 第6項	
弁 明 の 日 時	平成 ××年 ×月 ××日 ㊙・後 ×時 ××分				
弁 明 の 場 所	さいたま市浦和区高砂3丁目15番1号 埼玉県警察本部地下1階　意見の聴取会場　弁明聴取会場				
処 分 を し よ う と す る 理 由					

平成 ××年 ×月 ××日　○○○　地内における　○○○○　により、下記のとおり行政処分の基準点数に該当することになったため。

	処分原因の年月日	行 為 の 種 類	点 数
処分の原因となる事実	平××年 ×月××日	**無　免　許**	××
	平　年　月　日		
	平　年　月　日		
	平　年　月　日		
	平　年　月　日		
	平　年　月　日		
	平　年　月　日		
	平　年　月　日		
	平　年　月　日		

免許取消歴等	有・㊚	過去3年以内の行政処分歴	×× 回	累積点数	××点
携　行　品	☑ この通知書	☑ 運転免許証	☐ その他		

13 補佐人就任　65

交通犯罪の起訴緩和に疑問

　30年ほど前、検察が多くの交通事故事件を不起訴にする方針に大転換した。その方針に対して疑問を提起した新聞投稿である。交通事故の刑事責任を追及しない方針と交通事故事件を厳罰化する方針が併存するおかしさ。交通事件の世界から科学的・合理的な対応を消し去ってはならないと考えた拙稿である。今日にも生かすべき問題意識だと思い、ご紹介する。

　被害の軽い交通事故の刑事責任追及を大幅に緩めることが検察内部で本格的に検討されている、と伝えられる。新しい起訴基準は、被害者のけがが2週間以内で、加害者に悪質な法令違反がない場合には、示談の成立を条件として一律に不起訴（起訴猶予）にするというものである。東京高検管内の各地検が昨（1987）年これを実施してみたところ、起訴率が一昨（1986）年の3分の1前後に激減したとされている。

　交通事故は、刑事事件としては、通常、業務上過失致死とか業務上過失傷害という罪名の刑法犯になる。1986（昭和61）年のデータでは、起訴された者の数は全国で37万人ほどだから、起訴率が今後も3分の1になるとすれば、これまでの扱いなら起訴されていた25万人もの交通事故の被疑者が今後は起訴されずに終わることになる。この数年間、交通関係の業務上過失致死・傷害事件の不起訴者の数は13万人前後しかおらず、刑法犯の不起訴者を全部合わせても20万人ほどしかいないのだから、「プラス25万人」がいかに大きいかがわかる。刑法犯の起訴基準の歴史的変更の一つといっても過言ではないだろう。

　検察当局は、これによって今後は重大事故は起訴、軽微事故は不起訴とめり張りのきいた処理ができると言うそうだが、私にはそのように単純に考えられない。問題はいろいろあるが、最大の疑問は次のことである。

　嫌疑を争えば起訴される可能性があり、争わず示談をまとめれば不起訴になるのであれば、不起訴にするという約束にひかれて嫌疑に承服していないのに心ならずも争わないことにする者が必ず出てこよう。問題になるのは多くの場合過失の存否だが、現実には何をもって過失と考えるべきかそれほど明確でないことが多い。法的判断などに縁のない一般のドライバーにとっては、過失の有無をめぐって捜査官と抗争するのは

至難の業だ。捜査官から過失があると迫られ、しかし示談さえまとめれば不起訴にすると言われれば、たいていの被疑者は動揺する。真相の究明よりもどちらが得かを考えてしまうことが十分に予測される。

　交通事犯捜査の簡易化といえば、モータリゼーションの高まりを反映して道交法違反事件が急増した時期に、各方面の異論や反対を押し切って導入された反則金制度の例が思い起こされる。警察、検察庁、裁判所の事務軽減などを目的に、悪質な違反の場合を除き反則金を納めれば刑事責任を問わないことにするというこの制度が登場したのは、違反件数が400万件を超えた昭和40年代の初めだった。そして、それまでの方式ならば無罪を主張していたであろう人々を含む数多くの被疑者が、前科にもならず手間もかからない反則金支払いになだれこんでいった。今日では道交法違反の総数は1300万件を超え、うち1000万件以上が反則金の支払いで終了しているが、その中には嫌疑に疑問がある事件が少なからずひそんでいるはずである。

　犯罪事実の存在やその内容について、警察官の認定を尊重させることにより大半の事件の決着をつけてしまうのが道交法違反における反則金制度の導入なら、検察官（実際には、副検事や検察事務官が多い）の認定を尊重させることにより大半の事件の決着をつけてしまうのが今回の交通事故事件の起訴基準変更構想ではなかろうか。

　いかに交通事故事件が増えているとはいえ、そのことに目を奪われ、安易な便宜的な処理に走るのは本末を転倒するものであり、さまざまな不都合を伴う大量画一処理方式を軽々しく刑法犯の捜査にまで導入することは許されないと考える。

(1980年1月22日・朝日新聞論壇)

14 意見聴取と処分結果

> **ポイント**
> ● 公安委員会は自らは過去のケースまで調べないので、事前に主張しておく。
> ● 見通しをはっきり言うのは極めて難しい。

1 意見聴取の会場と雰囲気

意見聴取の会場は、小学校の教室の半分ぐらいの広さのところが多いが、小さな事務室風のところもある。正面に主宰者の席があり、横に処分を求める警察官の席がある（刑事法廷で言えば検察官席にあたる）。意見を述べるドライバー（意見聴取者。公安委員会は「被処分者」という）の席は主宰者に向かいあう位置になっている。補佐人がつくときはドライバーの横になる場合が多い。

公開原則を守っている公安委員会は、会場の後方に自分の順番を待つドライバーの待機席を傍聴席風に設けている。裁判所の法廷と違って高い法壇こそないものの、意見の聴取会場は法廷を連想させる（少年審判や家事審判の審判廷に似ている）。

警察官がドライバーの処分理由になる違反事実を朗読し、主宰者はドライバーにそれを認めるかどうか聞く。「処分理由の違反」とは今回の違反事実を指す。実務担当者向けの部内のテキストは次のように説明している。

「過去３年以内のすべての違反行為に点数を付し、現にした違反行為に付されている点数との合計点数によって処分をすることとされているので、あたかも過去の違反行為も処分の理由となっているような感を受けるが、理論的には、処分の理由となる違反行為はあくまでも現にした違反行為であり、過去の違反行為は、現にした違反行為を理由とする処分を行う場合の危険性推認のための資料として、点数的に評価されているものである」（『点数制度の実務 七訂版』啓正社、2014年）。

過去の累積ケースについては、こちらから「かくかくしかじかの事情が

あるので、単純に危険性推認の材料にしないでほしい」と言わない限り、検討の対象にしない。公安委員会は意見の聴取にあたり原則として過去のケースを調べないのである。ドライバーの方から過去のケースについても言いたいことがあると言えば、公安委員会は頭から否定はしないが、突然そう言われてもということになる。事前に主張しておけばこのような不毛の論議も避けられる。

　意見聴取に先立って提出した補佐人意見書や陳述書や証拠類は主宰者が事前に（一応）目を通している。従って意見聴取の当日は、補佐人は自身の意見書のポイントを押さえる発言をすることになる。聴取時間は1人につきせいぜいで5分くらい。説得力ある意見を展開すればもう少し時間がとれるかも知れないが、時間が極めて窮屈であることを念頭におく必要がある。

　主宰者からいくつか質問を受けることがある。ポイントの外れた質問もあり、意見書をよく読んでいないことがわかる質問もある。刑事事件はどうなったかと聞かれることが多い。公安委員会は刑事事件の処理状況や処理結果を気にしている。捜査中なので結論が出るまで待ってくれないかと言うと、「検察は検察、公安委員会は公安委員会ですから」と言われたりする（それなら検察捜査の状況など聞く必要はないだろうと思うが）。罰金になったと言うと払ったかと聞かれ、払ったと言うと納得したような顔色を見せる。予定どおりの処分をするサインのようなものである。

　公安委員会によっては、弁護士が補佐人に付くと、意見聴取の順序が後回しにされる場合がある（私の経験ではよくあった）。20人ほどの話を聞かされる。勉強にはなるが楽ではない。長い聴取になりそうな案件を後回しにするということかも知れないが、補佐人の主張を聞いているうちに自分の言いたいことを言い始めるドライバーが出てくることを恐れた対処法のようにも思える。意見を聴かれるドライバーは皆待機席（傍聴席）で順番を待

っているのである。

2　処分の結果はいつ発表されるか

　処分の結果は、その日の意見聴取が全部終わった後にまとめて発表され、運転免許の停止や取消しを通告する処分書(**記載例5**)が渡される。午前中に聴取を終え、昼ごろに結果を発表する場合が多い。そのため、ドライバーはいずれにしても発表まで会場の近辺にいなければならない。

　多くのドライバーは基準どおりの処分を宣告される。宣告するのは検察官役の警察官である。そのための基準だというのが公安委員会の立場であろう。はじめからそのつもりで来る多くのドライバーは静かに帰って行くが、警察官にくってかかる者もいる。基準どおりの結論より軽い処分にされる者の数を公安委員会は発表しない。「私は基準より軽くならないだろうか」と聞かれることが多いが、統計数字も公表されておらず、確かな見通しを言うのは極めて難しい。このケースなら軽減されて当然だと思われる事案でも基準どおりになってしまうことがある。今どき珍しいブラックな世界なのである。

記載例5

<table>
<tr><td colspan="14">運 転 免 許 取 消 処 分 書</td></tr>
<tr><td colspan="14">

下記の理由により、あなたの免許を取り消し、

平成 ××年 ××月 ××日から　　×年間を免許を受けることが

できない期間として指定します。

したがって、あなたに対する処分の満了日は、

平成 ××年 ××月 ××日となります。

平成 ××年××月×× 日

東京都公安委員会　【東京都行政処分公安委員会印】

</td></tr>
</table>

住所・氏名 生年月日	□□区□□町－□－□－□ ○　○　○　○　殿	生年月日 昭和×年×月×日生
免許証番号		平成　年　月　日　東京都　公安委員会交付

免許の種類	一種	※大型	中型	普通	大特	大自二	普自二	小特	原付	け引	二種	大型	中型	普通	大特	け引	平成×年×月×日 まで有効

処分理由	（処分の根拠法令） ・道路交通法第１０３条第１項第６号 （処分理由） 平成×年×月×日 ○○○○○○○

過去５年以内における取消歴等の有無	有・㊂
処分書示達年月日	平成 ××年 ××月 ××日　　扱者

平成 ×× 年 ×× 月 ×× 日　　通知番号　×××番

15 短期停止処分と処分対象前事案

> **ポイント**
> - 短期停止処分には意見聴取がない。
> - 点数は公安委員会の内部評価に過ぎない。

1 ドライバーの疑問には真摯に耳を傾ける

　30日と60日の停止処分には意見聴取の制度がなく、公安委員会はドライバーの言い分を聞かずに処分できる。処分の通告は書面ではなく、ドライバーを呼び出して口頭でするのだが、短期であっても行政処分であることに変わりはない。実際には意見を聴取する長期停止処分より意見を聴取しない短期停止処分の方が圧倒的に多く、このまま処分されるのは納得がいかないというドライバーは少なくない。ドライバーの疑問には真摯に耳を傾ける必要がある。

　一般論であるが、短期停止処分の対象になったドライバーの言い分にはもっともだと思われるケースが多い。短期なら講習を受ければ実際に車を運転できない期間はかなり短い。60日なら実質は1カ月程度になるし、30日なら1日だけである。「まぁ我慢してもいいのでは」と言いたくなるようなケースでドライバーが納得できないと言うのはよくよくのことである。その程度の行政処分で弁護士に相談しようと思うだけで真剣度のレベルが高いとも言える。

　事実を争って点数を付けたこと自体を問題にするのであれば長期も短期もない。正面突破の対決路線になる。悩ましいのは事情を斟酌してほしいという「情状事案」である。30日と60日の停止処分には「処分の猶予」の制度があるのだが、実際に猶予を獲得するにはよほどの事情がなければならない。公安委員会から呼び出しを受けたら、意見書を作り、事前に公安委員会に送るなど、万般の手配をしなければならないのは意見聴取の場合と同じである。公安委員会の側は意見聴取を予定していないだけに、事前

の書面送付は特に重要である。出頭の場で初めて何かを言ったところでほとんど手遅れになる。

2　点数登録の抹消をしたいというケース

もう一つ気をつけなければならないものに、処分対象になる前の相談がある。納得がいかない取り締まりなのでその点数登録を抹消して貰いたいというケースである。公安委員会はそのような点数抹消はできないと言う。「1つひとつの点数登録は公安委員会の内部評価に過ぎず、処分を実行しているのではない。点数が付いただけではドライバーに不利益は科されていない」というのがその理由である。

行政処分制度の理屈としてはそのとおりかも知れないが、点数登録という厳然たる事実を突きつけられたドライバーは強く不合理を感じる。学期末に生徒に渡される成績証明書とは違って、運転記録証明書を取り寄せれば処分前（学期中）でも違反歴（成績）が当該ドライバーにわかる。内部評価と言っても、事実の誤認や不合理な判断で違反と認定された状態を是正できないのは納得できない。

具体的な結果を伴う場合もある。例えば、陸運局は、個人タクシーの資格申請の条件として交通違反歴がないことを求めている。陸運局の資格審査の際に「点数は公安委員会の内部評価に過ぎない」などと言っても通らない。陸運局の担当官は、公安委員会がそのようなデータを公表している以上、これを当該申請者の運転適性の評価資料として使うのは陸運局の権限であると言う。しかし、陸運局はそのように言っていると公安委員会に伝えると、公安委員会は陸運局にそのような処理をするように依頼していない、陸運局が独自の考えでやっていることだと答える。個人タクシーの資格をとろうとしているドライバーは役所の建前論議に翻弄される。

筆者は、個人タクシーの資格を取ろうとした法人タクシーの運転手から

相談を受け、点数登録の抹消に苦労した経験がある。弁護士の名前を出すことが杓子定規な対応の原因になる場合もあり、工夫が必要である。一旦登録したら何があっても抹消しないというものでもない。警察官も人間である以上誤認をすることも誤記をすることもある。訂正という方法があることは公安委員会も否定しない。弁護士としてすべての準備を行い、本人の名前で要望をさせたのであった。

　そもそも、「不利益は処分のとき。すべては処分時に議論しよう」と言うのなら、処分の際には過去の違反の1つひとつについて厳密な事実確認をすべきである。過去のケースは点数をみるだけで個々の事案の実情は評価の対象にしないというのは、どう考えてもおかしい。個々のケースを問題にすると検討は処分の時だと逃げられ、処分の段階になったら過去のケースは問題にしないと言われたのでは、それはないだろうと言いたくなる。

16 道交法 2009 年大改正

ポイント
● 処分内容の抜本的改正点を知る。

　2009年6月の道交法・道交法施行令の改正は、処分内容の抜本的改正という点で、道交法制定（1960年）以来の歴史的大改正であった。個々には説明をしたこともあるが、そこで重要な改正点を整理しておこう。

1　「欠格期間」「酒気帯び運転等の点数」の引き上げ

　これまで免許取消し時の欠格期間（再免許取得禁止期間）は最長5年だったが、「悪質・危険行為」（後記）に及んだ者の欠格期間を3年以上10年以下の範囲で指定できることにした。また、酒気帯び運転等の法定刑を従来の酒酔い運転等と同等に引き上げ、これに伴い改正令により基礎点数も引き上げた。呼気1リットル中のアルコール濃度0.15mg以上0.25mg未満の酒気帯び運転は6点（前歴0なら停止30日）から13点（同じく停止90日）になり、0.25mgなら13点（同じく停止90日）から25点（同じく取消し2年）になった。このほか、酒酔い運転等の重大違反唆し等の欠格期間を2年から3年に引き上げ、従来停止処分にしかならなかった救護義務違反の唆し等の欠格期間を3年にした。

2　「悪質・危険行為」「特定違反行為」の創設

　①自動車等の運転により故意に人を死傷させたり建物を壊すこと、②運転致死傷罪にあたる行為をすること、③酒酔い運転等をすること、④救護義務違反をすること、⑤道路外致死傷で故意によるものや危険運転致死傷罪にあたる行為をすることを「悪質・危険行為」と呼称することになった。このうち①〜④を「特定違反行為」と言い、点数制度の対象とする。種別

と基礎点数は、欠格期間が10年を上限に政令で指定する。運転殺人等、運転傷害等、危険運転致死傷は基礎点数が決められていて事故時の付加点数は付かないが、酒酔い運転は従来どおり付加点数を付ける。また、これまで付加点数とされていた救護義務違反を特定違反行為とし、独立の処分理由とした。具体的な点数と取消しの失格期間については13頁の**表1**を参照されたい。

3　「一般違反行為」

従来の違反行為から酒酔い運転等を除いたものを「一般違反行為」と呼ぶことにし、5年の欠格期間を上限として、取消しや停止の処分を行うことにした。具体的点数は15～19頁の**表2**を参照されたい。

4　重罰化が生じた矛盾

2009年大改正の特徴は酒気帯び運転などを中心とした点数評価における歴史的な重罰化である。

重罰化は事実認定を誤るときには極めて大きな人権侵害を生じるので、重罰化自体の当否と誤認の危険性の両面で問題をはらむことになる。救護義務違反の認定における不当な拡大解釈はその典型であるが、これについては別に節（→**20**）を設けて論じる。

17 速度違反

> **ポイント**
> ● 速度の否認の主張と速度を出した理由の主張。

　この節から具体的な違反の内容に入り、処分の実情や対処法を考える。犯罪の構成要件の正確、厳密な検討は専門書にまかせ、ここでは行政処分の現場で多く論議になる（あるいはその可能性を含む）論点を紹介する。

　取締り事例の中で最も数が多いのは速度違反である。道交法第22条第1項は、「車両は、道路標識等によりその最高速度が指定されている道路においてはその最高速度を、その他の道路においては政令で定める最高速度をこえる速度で進行してはならない」とする。前者は「指定最高速度」、後者は「法定最高速度」である。

　道交法は最低速度の規定も持つ（第23条。処罰規定はない）。上限を超える違反は「最高速度違反」が正しい違反名称なのだが、ここでは一般に使われている「速度違反」という（市民呼称は「スピード違反」である）。2015年の速度違反の取締り件数は174万件、30キロメートル毎時以上の違反件数は26万件ほど（内数）である。

　点数は、一般道も高速道も20キロメートル未満は1点、20キロメートル以上25キロメートル未満は2点、25キロメートル以上は3点。30キロメートル以上になると高速道は3点のままだが、一般道は6点に跳ね上がる。40キロメートル以上50キロメートル未満はまた同じ6点、50キロメートル以上になるとどちらも12点である。

　論議になるのは、疑われている速度を出していないという否認の主張と、速度はそのとおりかも知れないがそのような速度を出したのには理由がある（それほど非難されるものではない）という主張である。前者だとすれば、5分の意見聴取で公安委員会を納得させるのは不可能である。筆者は速度

違反事件の刑事弁護経験が少なくないが、判決まで数年間を要するのは普通のことであった。

　速度違反事件の無罪判決は筆者が知る限り簡裁・地裁・高裁を合わせて20件ほどある。詳しくは、筆者が共同監修した『道路交通法速度違反事件の手引』（青峰社、1989年）や拙著『速度違反取締りへの挑戦』（芸文社、1981年）を参照してほしい。前者は速度違反の測定方式に関する科学的知識と諸判例を紹介し、後者は速度違反の取締りの問題点をさまざまな角度から解明し提言している。

　しかし、それらの判例や論点を引用して主張しても公安委員会は了解しないだろう。検察捜査中で自分は無罪の主張をして争っているというのであれば、その結論が出るまで保留にしてほしいと主張したい（「未処分」として保留処理されることがある）。いずれにしてもドライバーとしては審査請求（→**23**）や行政訴訟を視野に入れた方針を立てる必要がある。

　指摘されている速度を出したのには無理のない理由があるとか致し方なかったという主張であれば、論議の俎上に一応は上ろう。だが、期待可能性がなかったという判断を獲得するのは容易でない。「自動車運転者が乗客の医師から病院に急行を命じられたことをもって、刑法第37条1項にいわゆる現に危難の切迫している状態にあったとは認められず、また、法定の最高速度の遵守を期待しえない場合とも認められない」という判決がある（昭和40年10月6日東京高裁）。筆者にも、出先で急病に陥った我が子を自宅に搬送していて起こした父医師の高速走行について基準どおりの処分をされた経験がある。

　もっとも指摘されている速度は速度別点数の境界に近いことを指摘し、他の有利な事情とも相まって過大な危険評価を回避すべき事例に該当するなどと主張することは説得力のあるものになり得よう。

18 携帯電話使用等

> **ポイント**
> ● 携帯電話の「使用・注視」の有無をめぐる判断。

　道交法第71条五号の五は、自動車等の運転者が運転時に通話のために無線通話装置を使用したり、画像表示用装置に表示された画像を注視したりすることを禁じている。車両停止中は除かれる。「通話のための使用・注視」とは、音声による情報伝達、番号のボタン押し、留守番電話へのメッセージ入れ、録音メッセージ聞きとり、メール送信、LINEのやりとりや画像読みとりのための使用や注視等を言う。

　無線通話装置とは、携帯電話、スマートフォン、自動車電話、所持型無線機等である。ハンズフリーの無線通話装置や操作が簡単なカーラジオ・カーステレオ等は対象にならない。画像表示用装置とは、携帯電話のディスプレイ表示部、カーナビ装置、カーテレビ、ビデオ等である。注視とは「画像を見続ける行為」を言う。計器類やカーナビ装置は一瞥する限りは許されるが、見続ければ違法になる。カーテレビ、ビデオ等は常に違法になると考えられている。「見続ける」とはどういうことか。２秒程度などと言われるが、考え方は分かれよう。

　違反しただけで１点が付き、違反して現実に交通の危険を生じさせると２点が付く。「交通の危険を生じさせる」の意味が曖昧である。携帯電話を使っていたことが原因で事故を起こした場合には交通の危険は認定し易いが、それ以外では慎重な検討が必要になる。

　警察は、交差点に近づき速度を落とす走行車両などをチェックしていて、信号待ち停止中の違反車両を捕まえることが多い。歩道橋上等でチェックし、無線連絡で違反車両を止める連携取締りもある。自動速度測定で携帯使用状況が撮影されていたケースもあった。携帯電話を手にしたのは事実

だが使ってはいなかったとか見てはいなかったというように、「使用・注視」の有無をめぐる論議になる場合がある。

　筆者は、携帯電話の相手に電話をしたときに屈託なさそうに電話に出る運転中のドライバーがいて驚くことがある。運転中の携帯電話の使用とりわけメール送受信や画像を見るための使用は危険度が高い。しかし、この違反は他の多くの道交法違反と違って違法行為の存在が車体の動きに当然反映する訳ではない。運転者の行動そのものを見て判定するものであるために、違反認定の正誤をめぐる争いが起きやすい。

19 酒気帯び・酒酔い運転

> **ポイント**
> - 事実が認められれば、基準どおりの処断が原則。
> - 酒気帯び・酒酔い運転の種類。
> - 酒気帯び・酒酔い運転の検査。

1　酒気帯び・酒酔い運転は、基本的に軽減しない

　酒気帯びや酒酔い運転の規制は極めて厳しい。道交法第65条は、酒気帯び運転の禁止（第1項）、車両等提供の禁止（第2項）、酒類提供の禁止（第3項）、車両同乗の禁止（第4項）を規定する。同法第117条の2第一号は、酒気を帯びて車両等を運転した者で、その運転時にアルコールの影響により正常な運転ができないおそれがある状態でいた者は酒酔い運転として処罰する。

　当局は、酒気帯びや酒酔い運転に関しては、事情を勘案して処分の量定を軽減するという対応を基本的にとらない。酒気帯びや酒酔い運転には「汲むべき事情」はないという立場に立ち、事実が認められれば基準どおりの処断をするのである。

2　酒気帯び・酒酔い運転の種類

　第1項は、酒気を帯びて車両等を運転することを全面的に禁じる。ただし、呼気1リットル中0.15ミリグラム未満の場合は処罰をせず、そのレベルの酒気帯びの禁止は訓示規定になる。なお、酒気を帯びて酒に酔った運転をしている場合（飲酒のために正常な運転が困難な状態になっている場合）には、酒気帯びの程度を問わず酒酔い運転として処罰の対象とする。下戸でも酒酔い運転は成立し得る。

　第2項は、酒気を帯びて車両等を運転するおそれがあるものに車両等を提供することを禁じる。車両等提供者が運転免許を持つ者である場合、「重

大違反唆し等」(法第90条1項五号、第103条1項六号)として行政処分の対象になる。車両等提供者が当該対象者の「酒気を帯びて車両等を運転するおそれ」を認識していることが要件になる。認識の有無をめぐって争いが生じやすい。「提供する」とは、提供される者が利用し得る状態に置くことをいい、当局は車両等の所在を教えてキーを渡せば特別な事情がない限り提供したものと解している。しかし、「提供」についても実際には争いが生じやすいであろう。

第3項は、酒気を帯びて車両等を運転することとなる恐れがある者に酒類を提供することや飲酒をすすめることを禁じる。ただし、「提供行為」は処罰の対象になるが、「すすめる行為」は共犯に該当しない限り処罰の対象にならない。提供は重大な危険に繋がることが多く、すすめるだけなら重大な危険に多く直結はしないと考えられている。なお、酒類提供者が運転免許を持つ者であるときは、「重大違反唆し等」として行政処分の対象になる。

第4項は、車両の運転者が酒気を帯びていることを知りながら、その運転者に対し、自己を運送することを要求又は依頼して車両に同乗することを禁止する。同乗者の規制を通じて酒気帯び運転の抑止を実現する目的で導入された規定である。本条に違反した者も免許保有者であれば、第3項と同様、「重大違反唆し等」として行政処分の対象になる。運転者に誘われて承諾するだけでは足りず、行く先を指定するなど同乗者が自らの意思を反映させようとする明示黙示の行為があることが必要である。そのことは執務指導書なども明言しているが、「運送を要求又は依頼して車両に同乗する」という構成要件が曖昧であるところに問題がある。誘われて乗っただけなのか、要請行動があったなのかがときに争われる。当事者が使った言葉だけではなく、運転者と同乗者の関係なども含めて判断することになるが、警察が同乗罪の成立を不当に広く認める傾向があることに注意を要す

る。

3　飲酒検知器による検査

　酒気帯びの状況は、任意捜査として、飲酒検知器によってドライバーの呼気中のアルコールを検査して行う。その結果の数値やドライバーの状況等により、「酒酔い・酒気帯び鑑識カード」に従って当該ドライバーの言語、歩行能力等の外観を見て酒酔い状況を判断する。前記のとおり、呼気1リットル中0.15ミリグラム以上であるか否かを問わず、酒気帯び運転をしている者がアルコールの影響により正常な運転ができないおそれがある状態にあった場合は、その者に酒酔い運転の違反が成立する。ただし、「正常な運転ができないおそれ」は具体的に相当の蓋然性をもつものでなければならず、「酒に酔っている」かどうかは具体的な状況によって慎重に判断する必要がある。

　呼気1リットル中に0.25ミリグラム未満の酒気を帯びていると13点、0.25ミリグラム以上の酒気を帯びていると25点、酒酔い運転になると35点が付く。無前歴でも13点は90日の停止対象、25点は欠格期間2年の取消し、35点は3年の取消しの対象である。

　飲酒検知の結果に納得がいかないというドライバーは少なくない。測定の仕方に基本的な疑問を感じさせるケースにときどき出会う。うがいをさせなかったとか、風船をふくらませなかったとか、現場で上官や同僚に検知方法の指導を受けていたとか、いろいろである。そのような状況を目撃して測定の確かさに疑いを持つドライバーは多い。警察官に対する内部指導がどれだけ行われているのか疑問を感じる。

　仲間と一緒にほとんど同量の酒を飲んだのに、検知結果の数字が大きく違うことから検知の正確さに疑問を持ったドライバーがいる。飲酒検知の確かさについては筆者もかねてから疑問を持っている。複数検知を実施し

て平均測定値もしくは低測定値を検知数値とすべきだという研究者もいる。これに対しては複数の数値が出たのでは収拾がつかなくなるという消極論もあるという。本末転倒の論である。判定の確かさが市民に信頼されていなければ、飲酒厳罰態勢の堅持は非科学の強制になるだけである。

　最近、除菌を標榜したタオルや清拭を目的とした口腔ケア用ウェットティッシュなどが売り出されている。多くの商品が高濃度のアルコールを含んでおり、汗をかいたり口が渇いたドライバーが運転中などにこれを顔や口内にあてがうなどして使用していて、たまたま飲酒検問に際し誤測定の原因になることがある。それらの商品がアルコールを含んでいることをドライバー自身が知らないために、前日の飲酒がまだ残っていたのかと思って混乱を生じたり（警察からは飲酒を隠蔽するためにそのような主張をしているのだろうと疑われる）。検問に当たる警察官としてはそれらのことを意識しながらドライバーに接する必要があり、ドライバーとしてもその事情を知っておく必要がある。なお、これまでのところそれらの商品の使用が運転行動に支障を来すという報告は聞かない。商品説明書中で運転時不使用を指示しているという情報もない。付着部分の周辺は高濃度になるが、車両の運転に影響を及ぼす量ではないということなのであろう。

　経験を通じて判断することが困難な話であるから無理もないが、アルコールの体内保有時間（分解終了時間）は通常考えられているより長い。食事をとるとか寝るとか入浴するとかしても、体内のアルコール濃度はほとんど下がらない。アルコールの分解は単純に時間との関係で決まる。

　一般に体内にアルコールを保有している者が自身の体内（呼気内）からアルコールが抜けたと客観的に判断するのは容易ではない。時間経過とともに感覚が「より異常からより正常に」移行して行くのであるから、その過程のどこでも「もう大丈夫」と思いやすい。抜け切れていなくても抜けたと思いがちなものである。酒を飲ませた多数の被験者を長時間一堂に待機

させ、「呼気1リットル中0.15ミリグラム」を下回ったと思ったときに手を挙げるように指示したところ、ほとんどの者がその数値に達する前に挙手したという実験報告を研究者から聞いたことがある。

　飲酒運転の危険性を自身の体験を通じて感得するということは普通の環境ではできない。最近は市販の簡易検知装置が知られているが、市販の装置の信頼度はさらに低い。アルコール保有状況を正確に把握することは一般に難しく、アルコール保有の危険性を体感することも困難なのが実情である。飲酒運転の危険性に関する理解を正しく広げることがすべての規制に先立つ。

交通違反もみ消し事件の背景

新潟県警で警察官の処分逃れが常態化していた。交通違反のもみ消しをしながら交通安全を説いたり違反の検挙に走れば、何のための交通取締りかという批判は国中に満ち、国民は警察を根底から信用しなくなる。警察の腐敗は交通安全実現の癌であり、現在も正に進行中の癌である。

交通違反もみ消し事件の報道が続いている。その構造的要因については様々な分析がありうるが、背景には、違反取り締まりと交通安全の科学的関係が明確でなく、取り締まる側も取り締まられる側も、その有用性を信じていないという、見落としえぬ重要な論点がある。交通事件に長くかかわってきた体験を踏まえて述べたい。

交通違反とりわけ速度違反の捜査と処分の世界では、もみ消しはほとんど公然の秘密である。私自身、警察から直接ではないものの、違反をした時には早めにしかるべく連絡をとれば記録に載らないように「処置」できると言われたことがあった。警察官や警察関係団体に属する者は、違反をしても記録から消されるという話はよく聞くし、もみ消し料の相場も耳にする。

果たして、新潟県警では警察官の処分逃れが常態化していたことが報道された。ことは決して新潟県警だけの問題ではない。全国津々浦々で「お世話」をした警察関係者と「お世話」を受けた警察官・民間人が、声を潜めて動きを見守っている。交通畑の長い現警察庁長官はこの問題をいったいどう考えているのだろう。

警察はかねて、速度を上げてもあまり危険でないため自然に速度が出るようなところや、ドライバーに隠れて測定できる場所などを取り締まり地点に選ぶ傾向があった。危険な運転かどうかより、捕まえやすいかどうかが取り締まり実施の基準となった。現場には検挙しさえすればよいという空気が蔓延し、交通取り締まりは恣意的だとの市民の批判が高まった。

すると、警察は取り締まり件数を一気に減らす。最高速度違反罪の検挙件数は、1985年の486万件から1999年には半分近い280万件まで下がった。その間車両保有台数は32％、免許保有者数は40％も増えていることを考えると、検挙件数の減少ぶりがよく分かる。

しかし、批判が強まると取り締まりの件数が減るという構図にも、取り締まりの不透明性がにじみでた。残ったのは、速度違反の処罰基準などあってなきがごときものという交通警察不信であった。
　取り締まりに納得できないドライバーは異議を申し立てる。理由は、測定にミスがある（電波の性質や隠れた測定のため生じることがある）とか、その速度で走っても道路交通に危険を生じさせていないというものが多い。
　元法務大臣や現職の検事総長や法務省刑事局長までが形式的な取り締まりへの疑問を表明し、いまや弁護士が速度違反事件の被告人になって取り締まりの不当を主張する時代だが、それでも裁判では多く建前論で押し通される。不合理な取り締まりの是正はまさに焦眉の課題である。
　違反自体に争いはなくても、免許の効力停止や取り消しなどの行政処分はドライバーにとって大きな不利益である。収入の基礎が奪われる職業ドライバーの場合にはとりわけ深刻だ。しかし正面から訴えても処分の結論はたいてい変わらず、変わってもわずかな軽減にとどまる。
　口利き料を払ってでも点数を消してしまう方が確実に効果的なのだ。そして、本音では違反必罰の意思を欠く警察は、もみ消しへの抵抗感のハードルがはなはだしく低い。少なからぬドライバーがもみ消しに期待をかける理由がここにある。
　警察が政治家などの口利きにこたえるとき、取り締まりは交通安全確保のかぎだなどという建前論は消えうせ、利益供与は政治家や有力者などと「良好な関係」を維持するかぎになる。科学的合理性を欠く取り締まりは、交通安全に寄与しないだけでなく、市民生活にもっとも身近な交通警察活動の中に、政治家や有力者との癒着の温床を作り出しているのである。
　われわれは口利き政治の受け手を買って出る警察にも厳しい監視と批判の目を向けねばならない。
　交通違反の取り締まりの目的はあくまで交通安全の確保にあり、それ以外のことにはない。正されるべき誤りは幾重にも存在する。

（2000年6月7日・朝日新聞論壇）

20 ひき逃げ

> **ポイント**
> ● 救護措置・事故報告の義務発生の要件を知る。

1　救護措置と事故報告の義務

　道交法第72条1項は、交通事故があったときは、その事故に関わった車両等の運転者等は直ちに車両等の運転を停止して負傷者を救護するほか、現場にいる警察官か最寄りの警察署の警察官に事故発生の日時、場所その他の事実を報告しなければならないと規定する。救護措置と事故報告の義務である。救護措置を怠って現場を立ち去る行為を一般に「ひき逃げ」という（昭和51年9月22日最高裁大法廷判決〔最高裁判所刑事判例集30巻8号1640頁、判例時報698号3頁、判例タイムズ340号114頁、LEX/DB27661975〕）。最高裁判決は、報告義務違反を含めて「ひき逃げというひとつの社会的出来ごと」と称している。救護を怠る者は通常報告も怠っているからである。なお、物を損壊した場合も警察への報告が義務づけられており、そのまま立ち去る行為も同様に処罰される。これを一般に「当て逃げ」という。

2　「交通による」事故であること

　「交通による」事故であることを要するが、その判定は微妙である。坂道で駐車中の車両が自然発車して事故を起こしたときは交通事故とされ、駐車中の車両から下車するためにドアを開けたところに自転車が衝突したときは交通事故に当たらないとされる。その事故が運転者の故意、過失によるものであることを要しない。「貰い事故」でもひき逃げや当て逃げが成立することになる。

　ドライバー等は「直ちに」車両等の運転を停止して必要な処置をとらねばならない。「直ちに」とは即時を意味し、急ぐ用があってそれを済ませて

から現場に戻ったり、事故にうろたえて数百メートル走ってから現場に戻ったりしたときは、直ちに車両等の運転を停止したことにならない。死亡していることが一見明白である場合を除き負傷者のすべてについて救護等が求められる。死亡していることが「一見明白」か否かをめぐり争いになることがある。

　交通事故の発生が義務発生の前提である以上、ドライバーが人の死傷や物の損壊の事実を認識していることが当然の前提になる。また、その認識の内容は、人や物に接触したというだけでは足りず、人の死傷や物の損壊を生ぜしめたことの認識を要するというのが通説である。昭和41年1月14日東京高判（高等裁判所刑事判例集19巻1号1頁、判例時報452号63頁、判例タイムズ190号170頁、LEX/DB27661163）は、「人の死傷があった場合のひき逃げ事故については、人の死傷があったことの認識がなく、物の損壊があった程度の認識では、法第117条の責任を課することはできない」とし、昭和47年3月28日最判（最高裁判所刑事判例集26巻2号218頁、判例時報663号95号、判例タイムズ276号260頁、LEX/DB24005191）は、「人の死傷又は物の損壊などを生じることの認識を必要とするが、必ずしも確定的認識であることを必要とせず、不確定的、未必的認識で足りる」とする。

3　求められる救護行為

　救護に関しどこまでの行為が求められるかについて注意すべき判例として、「全く負傷していないことが明らかであるとか、負傷が軽微なため被害者が医師の診療を受けることを拒絶した場合を除き、医師の診察を受けさせる措置を講じることなく自身の判断で負傷が軽微であるから救護は無用であるとして現場を立ち去ることは許されない」という昭和45年4月10日最判（最高裁判所刑事判例集24巻4号132頁、判例時報593号102頁、判例タイムズ248号209頁、LEX/DB24004996）がある。警察実務における認定基準は、

医療対応を尽くさないドライバーはひき逃げとして処理するというものである。被害者から「怪我はない」とか「大したことがない」とか言われただけでは救護等の義務を果たしたことにならないとされる。「拒絶」もよほど確実なものでなければ救護義務が解除されたとは見ない。判例にも、救急車が現場に近づくのを確認しただけでは足りないとしたもの、負傷者を自宅に送り届けただけでは救護したことにならないとしたものがある。

　主婦のドライバーが軽自動車を低い速度で運転していた。脇道から飛び出してきた自転車の子どもがフェンダーにぶつかって倒れた。急停車し車を降りて子どものところに飛んでいった。小学校低学年生に見える子どもが自分で立ち上がり泣いていた。ドライバーは自転車を見てみたが壊れていないようだった。「どこか怪我していない？　痛いところはない？」と何度も聞いたが、子どもは頭を振った。「飛び出したりしたら危ないよ、たいへんな事故になっていたかも知れないんだよ」と強くたしなめた。子どもは「ごめんなさい、ごめんなさい」と繰り返し謝った。「送っていってあげようか」と言ったら、「大丈夫、自分で帰れる」と言い、自転車にまたがった。「注意して帰りなさい。おばさんの家はあの信号機の角を右に曲がって3軒目の八百屋だからね」。こうしてその場を離れたドライバーがひき逃げ犯人として警察捜査の対象になり、公安委員会は欠格期間3年の免許取消しを言い渡した。この判断は妥当だろうか、私は強く疑問に思う。

4　ひき逃げに対する厳しい評価

　ひき逃げに対する評価は異様なまでに厳しくなっている。自動車を運転して過失で人を死傷させる行為は自動車運転死傷行為処罰法の過失致死傷罪により最高刑が懲役7年になるが、ひき逃げは道交法第117条により最高刑が懲役10年（貰い事故でも5年）になる。簡単に言えば事故の責任より逃げた責任の方が大きいとされている。行政処分の世界で言えば、ひき逃

げは特定違反行為として基礎点数35点がつき、それだけで3年以上の欠格期間の取消しの点数になる。

5　報告義務の解釈の厳格さ

　報告義務の解釈の厳格さは最近に始まったことではない。以下に紹介する判例は、事故による死者の数が年間1万6000人台に達し、厳罰が強調された第1次交通戦争時代（1970年代）のものである。昭和48年3月15日最判（最高裁判所刑事判例集27巻2号100頁、判例時報695号16頁、判例タイムズ291号261頁、LEX/DB27760995）は、「交通事故を起こした車両等の運転者は、同運転者において負傷者を救護し、交通秩序も回復され、道路上の危険も存在しないため、警察官においてそれ以上の措置をとる必要がないと思われる場合でも、道交法第72条1項後段所定の各事項の報告義務を免れない」と言い、昭和50年2月10日（最判最高裁判所刑事判例集29巻2号35頁、判例時報768号118頁、判例タイムズ319号271頁、LEX/DB24005342）は、「警察官が、交通事故の発生直後に現場に来合わせて事故の発生を知り、事故を起こした車両の運転者に対し、とりあえず警察用自動車内に待機するよう指示したうえ、負傷者の救護及び交通の危険防止の措置を開始した場合であっても、右措置の迅速万全を期待するためには、右運転者による救護、報告の必要性が直ちに失われるものではない」と言った。

　また、昭和50年4月3日最判（最判最高裁判所刑事判例集29巻4号111頁、判例時報771号32頁、判例タイムズ323号277頁、LEX/DB24005349）は、「自動車の運転者が傷害の故意に基づき車両の運転によって相手方を負傷させ、その場から逃走した場合であっても、傷害罪のほかに救護義務違反罪も成立する」と言う。

　憲法第38条1項は、「何人も、自己に不利益な供述を強要されない」と定める。事故報告の義務は自己負罪拒否特権と呼ばれ黙秘権の根拠とされ

る憲法上の権利に違反するものではないかどうかが古くから議論されてきた。事故を起したドライバーが警察官に事故を報告すれば、自身の犯罪が発覚し、その刑事責任を問われるおそれが当然発生するからである。

　このことは、かつて神戸地裁尼崎支部判昭和34年5月28日（下級裁判所刑事判例集1巻5号1320頁、判例時報189号6頁、LEX/DB2776065）が報告義務を課した旧道路交通取締法施行令67条2項を憲法第38条1項に違反するものと断じて以来、専門家の間で激しく議論されてきた問題である。

　最高裁の大法廷判決（昭和37年5月2日・刑集16巻5号495頁、判例時報302号4頁、判例タイムズ131号90頁、LEX/DB27760728）が施行令の報告内容を絞ることにすべきだと限定解釈をしたことによって辛くも合憲になったが、違憲論はその後もなくなっていない。実際の運用の場面で、報告義務を刑事責任の追及と関係なく運用できるものか、また運用しているか、筆者は強く疑問を持っている。

21 無免許・免許失効

> **ポイント**
> ● 無免許運転の要件・罪数を知る。
> ●「うっかり」失効をめぐる争い。

1 無免許運転の種類

　道交法第64条は、自動車や原動機付自転車（自動車等）の無免許運転を禁止し（1項）、無免許運転をするおそれのある者に自動車等を提供することを禁止し（2項）、無免許運転者が運転する自動車等にその運転者が無免許運転者であることを知りながら同乗することを禁止する（3項）。

　免許停止中に運転する行為も無免許運転とされる。普通免許のみの保有者が大型貨物自動車を運転するというような、特定の種類の自動車等の運転免許しか持たない者がそれ以外の自動車等の運転をする「免許外運転」もここで言う無免許運転である。元々運転免許を持たない者の無免許運転を「純無免」、免許取消し後のそれを「取消し無免」、上記の停止中運転を「停止中無免」などと言うことがある。

　「オートマチック限定免許」など、運転免許証の条件欄に『……に限る』などと限定されている条件に違反して運転するのは「運転条件違反」と言い、違反すると2点が付く。無免許運転は市民用語では「ムメン」である。なお、免許証不携帯は反則行為にはなるが、点数は付かない。

　自動車等を提供する者が運転免許を持つ者である場合は、「重大違反唆し等」として行政処分の対象となる。ただし、提供者は提供を受ける者が未必的にせよ無免許運転をするおそれがあることを認識していなければならない。その認識は、提供者と提供を受ける者の間の自動車等提供をめぐるやりとりや相互の関係などを総合考慮して判断する。提供自動車等は提供者の名義如何にかかわらず、当該提供者の事実上の支配下にある自動車等であれば足りる。

提供を受ける者が利用し得る状態に置かれれば2項の「提供」になる。自動車等の置き場所を教えエンジンキーを渡せば、直接貸し渡す行為がなくても特別な事情がない限り提供行為に及んだと判断される。提供者は提供を受けた者が実際に運転したことを認識している必要はないが、提供罪は提供を受けた者が実際に当該自動車等を運転したときに成立する。

同乗の禁止は、自動車等の運転者が無免許であることを知りながら、自動車等を運転して自己を運送することを運転者に要求又は依頼して、当該運転者が運転する自動車等に同乗することを禁止するものである。

本条に違反した同乗者が運転免許を持つ者である場合は、「重大違反唆し等」として行政処分の対象となる。「自己を運送することを要求又は依頼」することの意味は、第19節「酒気帯び・酒酔い運転」で述べたことと同様に考えてよい。

2 運転免許の効力が発生する時期

無免許運転を認定する上で、運転免許の効力はいつ発生するか（いつまで発生しないか）という問題がある。道交法には免許証の「交付」の意義を定めた規定はないが、最高裁は古くから「免許の申請人が現実に免許証を受け取ったとき」としている。免許試験に合格していても、また免許証が作成されていても、免許証が現実に渡されていない限り無免許になる。すなわち運転時以前の日付の免許証が存在していても、それを受け取っていない運転者には無免許運転罪が成立する。

運転免許の取消し（停止）の効力発生時期はいつかということも同様に問題になる。一般に、「被処分者が取消し（停止）の処分通知を受け取ったとき」と解されている。被処分者が通知の内容を知らないときはその効力はまだ発生していないことになる。通知の内容を知っているか知らないかは、処分通知書の受領を拒絶したときなどに問題になる。

3　無免許運転の罪数

　無免許運転の行為の罪数は、継続運転の意思があっても包括一罪になるのではなく、社会通念上1個の運転行為と認められる犯意ごとに各1罪が成立するものと解するのが判例の立場である。違法性の阻却や緊急避難の成立を認めたり期待可能性の不存在を認めた道交法違反事件の判例は少ないが、そのことは行政処分の「危険性の乏しさ」の理由として主張する意味を否定するものではない。

　肉親から「自殺する」という電話を受けて急行する途中で検挙されたという事例があった。無免許運転を決断するに至った事情を詳述することも場合により重要である。

4　「うっかり失効」

　免許失効後6か月以内であればすべての失効者が免許交付の申請をすることができる。この失効を一般に「うっかり失効」という。やむを得ない理由でその期間内に手続ができなかった者も、その事情が止んでから1か月以内かつ失効後3年以内であれば、やはり免許交付の申請をすることができる。ゴールド免許がなくなり、3年後に更新期がきて初心者講習を受けなければならなくなるなどの不利益があることに注意する。

　運転免許を受けた者が免許の更新手続を履践しないときは免許の効力は失われるから、失効後にそのことを知りつつ運転するときは失効免許証を携帯して運転していても無免許運転になる。うっかり失効者であっても失効を知って運転すれば無免許運転になる反面、失効に気づかずに運転したときには無免許運転は成立しない。無免許運転は故意犯である。

5　有効期間の徒過をめぐる争い

　有効期間の徒過を知っていたか知らなかったかをめぐって争いになるこ

とがある。有効期間経過の直後であれば気づかなかったというドライバーの主張が受け入れられる可能性が高いが、失効してから長期間が経過しているときには多く紛争する。気づいていたかいなかったかは、「うっかり」を言う当該ドライバーの釈明の合理性や失効期間内の運転の動静等から推し量ることになる。

警察は、疑わしいと見れば、刑事手続としては送致して検察庁の判断を求め、行政手続としては各都道府県の公安委員会に事件を送って点数登録をするかしないかを決めて貰うことになる。もっとも明らかに故意と認められない場合、警察は公安委員会に送らないこともある。早い段階に警察に適正捜査を求めることが肝要である。

6　免許取消しの処分はない

無免許運転には25点が付く。無前歴でも欠格期間2年の取消しになる点数であるが、無免許状態で犯した別の違反があれば欠格期間はさらに長くなる。しかし、無免許になると言っても当該ドライバーはすでに運転免許を持たない状態になっているので、免許取消しの処分はない。

当該ドライバーが再び免許試験を受けて試験に合格したときに免許証の交付を一定期間拒絶する行政処分を行うことになるが、試験を受けない場合にはもはや処分されることはない。なお、運転記録証明書等は、運転免許を取り消された者や停止された者に発行されるもので、免許を失った者には発行されない。

22 事故と行政処分

> **ポイント**
> - 事故を起した場合の点数制度の適用の仕方を知る。
> - 受傷状況が確定していない場合の聴取の延期要請。
> - 被害者と良い関係を作っておくことの重要性。

　交通事故を起こすと自動車運転死傷行為処罰法等に基づく事件捜査が行われ、人身事故・物件事故を問わず、実情により刑事責任の追及に進み、公判請求まで展開することもある。ここでは、ドライバーが交通事故を起こすと（あるいは交通事故に際会すると）、点数制度がどのように適用されることになるのかを中心に説明する。

1 基礎点数と付加点数

　交通事故を起こすと、まず、「信号無視」とか「車間距離不保持」など事故原因となった道交法違反を判断して、これに対応した点数（前者なら２点、後者なら１点）を付す。これを基礎点数という。道交法違反があり、それが事故に進んだという捉え方をするのである。次に、当該交通事故の内容に応じ、２点から20点までの点数を付け、これを基礎点数に加える。これを付加点数という。付加点数は被害の大小（死亡とか傷害の程度など）とドライバーの責任の程度（重いか重くはないか）の組み合わせによって具体的な点数を決める。一覧表（**表１**〔次々頁〕）に示すと次のとおりである。

　事例を上げて説明する。

　事例１　割り込み運転をした結果発生した事故で、相手方にも不注意があり、相手方に全治３週間の傷害を与えた場合には、

> 割り込み等（１点）＋責任の程度が軽い15日以上30日未満の傷害事故（４点）＝５点（前歴がなければ免許停止の対象に達していない）

事例２　信号無視をして、こちらの一方的な不注意の事故で、相手方を死亡させた場合には、

> 信号無視（２点）＋責任の程度が重い死亡事故（20点）＝22点（前歴がなければ欠格期間１年の取消し）

というように計算して事故の累積点数と処分の種別・期間を決める。

ひき逃げや当て逃げがある場合には、交通事故の点数のほかに第20節「ひき逃げ」で述べたひき逃げやあて逃げの点数を加えることになる。すなわち**表２**のとおりである。

例えば、**表３**のようになる。

２　違反だけの場合とは処理の仕方が異なる

　ドライバーが事故を起こしたケースの場合には、被害状況や当該ドライバーの責任の程度により点数が変わってくるので、違反だけの場合とは処理の仕方が異なる。警察は、公安委員会への通報（電算登録）を速やかに行わないのが普通である。違反だけの場合でもドライバーの異議申し出などによりすぐに通報しない場合があるが、事故の場合はそれが原則になる。

　事故事件では、捜査担当警察官にいつ公安委員会に送る予定か尋ねるのがよい。事件の検察送致と同時に送る例が多いが、個別の事情によっても違う。ここに**表１**の２つの指標に関わる論点が登場する。１つは事故の責任の程度に関するドライバーに有利な事情である。これは刑事責任にも直結する事実である。もう１つは傷害の程度に関するドライバーに有利な事情である。これも刑事責任の程度に結びつく事実である。

表1　付加点数一覧表

交通事故の種別（被害の大小）		責任の軽重	事故の付加点
死亡事故		責任の程度が重いとき	20
		責任の程度が軽いとき	13
障害の程度	3カ月以上又は身体の障害が残ったとき	責任の程度が重いとき	13
		責任の程度が軽いとき	9
	30日以上3カ月未満	責任の程度が重いとき	9
		責任の程度が軽いとき	6
	15日以上30日未満	責任の程度が重いとき	6
		責任の程度が軽いとき	4
	15日未満・建造物損壊事故	責任の程度が重いとき	3
		責任の程度が軽いとき	2

○「責任の程度が重い」とは、事故の責任がもっぱら加害者側にあるとき
○「責任の程度が軽い」とは、上記以外のとき
○「障害の程度」とは、治療を要する期間による区別（医師の診断による。なお、負傷者が複数の時は、傷害の程度が最も重いものを計算する。）

表2

違反の種別	点数
死傷事故の場合の救護義務違反（ひき逃げ）	35点（基礎点数）
物損事故の場合の危険防止措置義務違反（あて逃げ）	5点（付加点数）

表3

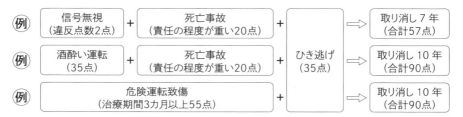

3　診断書の記載内容と実際の受傷状況の整合

　実践する活動は刑事弁護における活動と変わらない。ただし、その基準は上記一覧表のどこの枠に当てはまるかということを念頭においたものになる。事故状況の正確な再現と責任判断に力を注ぐことと、事故直後に被害者が警察に提出している診断書の記載内容が実際の受傷状況と合致しているかどうかの確認をすることが重要である。

　この種の診断書には普通「加療2週間」とか「全治4週間」などと記されているが、それらはすべて「見とおし診断書」である。行政処分は実際に治癒までに要した受診期間に基づいて行われるものであるが、警察はその事後確認を怠っていることがある。当初の見立てでは加療2週間であったが実際には10日間の通院で完治したとか、全治4週間とされていたが実際には3週間で終わっていたということもあり、それらの場合は当然実際の結果によって処分を行うことになる（見立てより長い治療期間になっている場合もある）。

4　受傷状況が確定していない場合と聴取の延期要請

　治療が継続していて受傷状況が確定していない場合とか、事故の責任に関する検察捜査が継続していてまだ見通しが立たない場合などには、こちらから公安委員会に連絡して、意見の聴取の期日を早々と入れないでほしいと要請することもある。公安委員会の呼び出しが着いてから聴取の延期を要請する場合も当然ある。検察捜査の結果を知りたいと考える公安委員会は、検察の結果が出たら速やかに連絡してほしいとドライバー側に求めて延期を認めることがある。

　ちなみに、意見聴取の延期は、事故の場合に限らず飲酒検知や速度測定の正確さのチェックなど違反事件の補充捜査のために行われることもある。

単なる先延ばしのための聴取延期は問題であるが（そのことを公安委員会は強く警戒する）、根拠のある延期申請は公安委員会の処理実務の合理化という観点からも好ましいことであり、積極的な活用を薦めたい。

5　被害者の宥恕感情と処分の軽重

　事故被害者の宥恕感情如何は処分の軽重の指標に登場しない。被害者がどう考えているかということは、行政処分の世界では結論を出す材料とされていないことになる。「ドライバーの危険度」と「被害者の宥恕感情」は強い因果の関係を持たないということなのだろう。しかし、被害者の治療期間の長短などという高度な個人情報を開示して貰えるかどうかは、被害者のドライバーに関する感情に大きく左右される。ドライバーとしては行政処分に際しても被害者と良い関係を作っておくことが重要である。

23 審査請求

> **ポイント**
> ● 行政訴訟を視野に入れる。

1 審査請求書の要件と記載事項

　行政処分の結果に不服があるドライバーは、処分に対して不服申立てができる。この申立てを審査請求という。公安委員会は処分を言い渡す際に、不服申立てができることを通告書の中で知らせている。2016年の改正行政不服審査法の施行に伴い、旧来の「異議申立て」が廃止され、不服申立ての方式は審査請求一本になった。

　申立ての期限は、処分があったことを知った日の翌日から3か月以内とされた（同法第18条。従前は処分があったことを知った日の翌日から60日以内に申立てをしなければならなかった）。

　申立書には、①審査請求に係る処分の内容、②処分の通知を受けた日、③処分庁の教示の有無及びその内容、④審査請求の理由、を書かなければいけない。審査請求に係る処分の内容は「東京都公安委員会の審査請求人に対する平成〇年〇月〇日付け運転免許取消し処分」などと書く。公安委員会は審査請求人に処分庁名を教えなければいけないことになっており、処分庁の教示が実行されたかどうかを尋ねている。処分庁は普通当該公安委員会そのものである。

　なお、審査請求を引き受ける時には、自身を「補佐人」とは言わず、「代理人」と言う。

2 審理手続の進行

　審査請求書には、審査請求の理由として、行われた行政処分の理由や取消しを求める理由を書く。行政処分の理由は、「〇年〇月〇日における速度

超過30以上50未満　指定」というようになる。審査請求書の中核は取消しを求める理由である。意見聴取の際に主張したのに考慮されなかった事項について、その問題点をあらためて展開する。主宰者が意見聴取者に問いかけていたことや主宰者の説諭などを克明に記録しておき、その個々の指摘を俎上に載せて論駁することも重要である。

　審査請求を行うと、公安委員会は処分庁に審査請求書を送り、処分庁はこれに対して弁明書を提出する。弁明書は審査請求人にも送られてくる。審査請求人はこれにも反論できる。審理手続が終わると公安委員会は審理手続の終結を審査請求人に伝え、引き続いて裁決書を送ってくる。

　なお、審査請求は原処分の是非を判定する手続であり、結論は審査請求人の請求を認容するか棄却するのかの二者択一である。認容する結果として原処分より軽い処分になることはあるが、事情を汲んで原認定の処分を軽減するという「情状酌量的裁決」はない。

3　審査請求と裁決の危うさ

　請求後に主張書面や証拠などを追加して提出することなどはもちろん可能である。しかし裁決までの間にあらためて意見の聴取を行うことはない。申し立ててから結論が出るまでに数か月から半年くらいかかる。筆者は、「事故直後に受診した医師の診断書には加療が15日を超えるように書かれていたが実際には治癒まで2週間もかからなかった」という事案で異議申し立てをした経験がある。公安委員会は実際に短期間に治癒したのかどうかを確認するために5か月近くもかけが、それほど時間をかけて調べる理由がまったくわからなかった。審査請求は時間がかかり過ぎるという批判が絶えない。

　処分庁という言葉を使ったが、審査請求は行政処分を行った行政庁自身に判断の是正を求める手続である。処分庁と裁決庁が実質同一の役所だと

いうことを考えれば、判断の是正がいかに困難であるかは一目瞭然であろう。

それにしても意見の聴取者は、行政処分の判断があまりにもひどいので、再検討を求めれば「正気に返って」公安委員会は正しい判断をしてくれるのではないかと希望を懐く。まさかそれほどひどい判断はするまいという感覚が市民にはある。そして多くの場合その希望は打ち砕かれる。

4　行政訴訟をにらんで

審査請求を経ずに行政訴訟を起こすこともできることになっているが、いきなり訴訟を起こす者は少ないだろう。とりあえず審査請求をして応答を見ようという考えになるのが普通ではないか。しかし、ひどい裁決をぶつけられた審査請求人は行政訴訟を視野に入れざるを得なくなる。

公安委員会は、裁決に対して行政訴訟を起こしてくる審査請求人は少ないと踏んでいる。実際、訴訟を起こすには大変な労力を要する。公安委員会は訟務専門の役人や顧問弁護士を公費で（つまり審査請求人たちが支払っている税金で）やらせるので痛くもかゆくもないが、訴訟を起こす方の負担は甚大である。弁護士に依頼すれば費用も心配しなければならない。多くのケースで公安委員会は常識に合わない原処分をひたすら擁護し、行政訴訟の負担を考えて意見の聴取者が抗争を断念するのを待つ。審査請求人は足下を見られているのである。

抗争することは公安委員会を司法の場に引き出し、独善の判断に司法の光を当てることを意味する。警察活動に不当に寛容な態度を示す司法の弊も否定はできないが、公安委員会(警察)内で結論を出されるよりはましであることは言うまでもない。公安委員会(警察)の判断の当否を司法の場で検証する機会を圧倒的に増やす必要がある。それは密室判断の公開判断化を実現することである。

国民が過度の負担を覚悟しなくても行政訴訟を起こせるように状況を変えて行く必要があり、また速やかな司法判断により公安委員会の判定が覆される事例が蓄積されることが求められている。

駐車取り締まり 安易な「民力」導入見直せ

放置違反金制度など、駐車違反の取締りは駐車スペースを充実させる政策などとバランスをとりながら進める必要がある。交通警察は強権発動の暴政になってはいけない。駐車規制のあり方などを基本のところから考えてみた。

新方式による駐車違反の取り締まりが始まって間もなく1か月。違法駐車の減少を歓迎する声も聞くが、喜んでいてよいものか。

道路交通法の規定では、制限速度を1キロ超えても違反だし、直ちに運転できない状態にあれば駐車違反が成立する。だがこれまでは、数キロの速度超過や短時間の駐車は取り締まり対象とはならず、それが法の建前と市民常識の距離を取り持つ調整弁の役割を果たしていた。それは人手がないという交通警察の事情を反映した判断でもあった。

新制度の導入で、こうした「慣行」は崩れた。物流業者などから悲鳴が上がり、駐車料金の商品価格への転嫁が論じられている。日常的に車を利用する市民も戸惑い、駐車監視員とのトラブルによる公務執行妨害事件さえ発生している。

車の利用者の多くは、車外で用を足すために車に乗る。車を簡単に止められる合理的なスペースが各所に潤沢に用意されていないことが、違法駐車問題の根源だ。公共用地や民間用地を活用し、駐車場づくりに力を注げという各方面の要望に応えず、ただ取り締まりだけを突出させる強権発動的な政策は、市民の不満を蓄積させることだろう。

*

今回の改正では、違法駐車をした車の持ち主が「放置違反金」を払わされる制度も始まった。持ち主が違反金を支払った場合には、運転手は違反の責任を免れるという「利点」が用意され、実際問題として、警察は持ち主の責任を問えば済むことになったのである。

だが、現行法の下では、駐車違反はれっきとした刑事犯罪である。犯罪である以上は、警察が捜査を尽くし、違法駐車をした当人を検挙するのが筋道だ。持ち主処分方式は、安易な手法という批判を免れない。

また、朝日新聞のアンケートによると、回答があった駐車監視の受託法人のうち7割が、警察の再就職先だったという（2006年5月31日付朝刊）。報道は、委託先が天下りの温床になるのでは、という懸念を強く裏

付けた。この不透明さを解消しない限り、渋滞解消などと自賛しても、市民の疑念はぬぐえない。

＊

　新制度の狙いは、駐車違反の取り締まりに費やされている警察の予算や人員を重大犯罪に振り向けるとともに、民間委託という形で「民力」を導入し、交通警察力を強化することにあるとされる。

　だが、交通違反という犯罪捜査の一環に、制度的に民間人を組み入れる手法は、法律家として看過できない。それは、捜査の過程で外部の専門家の知恵を借りるのとは意味が違う。

　このような外部委託が許されると、速度超過などほかの違反の取り締まりも拡大強化され、一般の刑事犯罪捜査にも同様の方法が用いられかねない。今回の改正の持つ問題点はあまのにも大きく、深い。

　警察発表の効果論に惑わされず、私たちは警察権力の肥大化を監視し、制度の再検討を始める必要があると思う。

(2006年6月28日・朝日新聞私の視点)

24 意見聴取改革のための具体的な提言

　各節で現在の意見聴取に関する問題点に触れてきた。ここであらためて現在の意見聴取のあり方を考え、緊急に改める必要があることをまとめて指摘し、克服の具体的な提言を試みる。以下に述べるすべての改革は現行法の範囲内で行い得るものばかりである。

1　道交法が規定する事項を規定どおり実行すべきである

　道交法第104条は次のことを定めている。
「公安委員会は、免許を取り消したり90日以上の停止をしようとするときなどには『公開による意見の聴取』を行わなければならず、その場合には聴取日の1週間前までに、処分をしようとする理由と意見聴取の期日と場を処分対象者に通知しなければならない。意見聴取に際しては、処分対象者（又はその代理人）は、当該事案について『意見を述べ』『有利な証拠を提出する』ことができる。公安委員会は、必要があると認めるときは、道路交通に関する事項に関し『専門的知識を有する参考人又は当該事案の関係人の出頭を求め』『これらの者から意見又は事情を聴く』ことができる。」

　しかし、実際には、これらの規定のうち意見聴取期日の1週間前までに呼出状を送るという規定以外はまともに行われていない。これを是正させ、少なくとも現行の道交法が規定していることはそのとおり実行することが喫緊の課題である。

2　公開による意見の聴取を行うべきである

　筆者が知る限り、公開による意見の聴取がきちんと行われている公安委員会はない。東京都公安委員会は後ろに用意されている長いすに座って先行する対象者の聴取状況を聞くことができる構造にしているが、神奈川県公安委員会や埼玉県公安委員会など関東地方の各県の公安委員会の多くはそのような方式さえとっていない。意見聴取は「調べ室」で行われ、後順位の対象者は廊下や別室などで待たされる。「意見聴取会場」の看板には偽りがあり、実際は「会場」ではない。これでよいのかと職員に聞くと、「ドアを少し開けているからこれで公開になる」などと言う。公開の意味を勝手にねじ曲げているのである。

　東京都公安委員会は警視庁の庁舎を使用しているが、一般の市民が傍聴しようとしても庁舎に入るところからチェックがかかり、意見聴取を傍聴したいと言っても身分だの目的だの関係だのと問われ、会場に簡単に入ることができない。

　警視庁がこの程度だから、全国のどこの公安委員会も公開原則をきちんと実行していないのだろうと思う。裁判所は扉を半開きになどしていないが、ドアを開けて傍聴席に入っても「何の目的で来たのか」とか「身分証明書を出せ」などと言われることはない。席が空いていれば誰でも傍聴できる。これを公開原則というのである。職員に裁判所の公開原則の実情を説明したところ、「裁判所は裁判所、公安委員会は公安委員会」と言われた。由らしむべし知らしむべからず。法が明示する公開原則を厳守しないのは、公安委員会（警察）が道交法の実際の運用を市民に知らせる必要を認めていないからである。彼らは法の運用を広く知らせて交通安全の思想を広げようという見地に立っていない。

　当局がそう考えているのは、意見聴取の実際が法の求める基準とかけ離れていることを多くの市民が知り、公安委員会（警察）に対する批判が強

まるのを恐れているためなのだろう。良いことをしていれば人はみんなに見て貰いたいものである。現在の公安委員会の審理は公開でも半公開でもなく密室審理と言うほかない。

3　準備期間を与えず審理を1日で終えるのを改めるべきである

一般の市民はもちろん、弁護士でも（多忙な弁護士ならなおのこと）1～2週間で意見を準備することなどできるものではない。意見聴取の期日を1か月ほど先にし、ドライバーからの期日変更申請には柔軟に対応する方式に変えるべきである。

問題なのは、呼出場所（意見の聴取会場）に出かけて行くとその日のうちに結論を出してしまうという現在のやり方である。意見聴取の期日は当事者の意見や証拠が提出される「最初の日」と考えるべきである。道交法は「意見聴取は1回しか行わない」などと規定していないし、期日数を制限してもいない。筆者は、「本日の意見聴取で即日結論を出すのではなく、時間をかけて慎重に調査を尽くしてほしい」と要請することがあり、実際、即日結審をしないことにさせたこともある。

事前準備期間を僅かしか与えない場合にはその不合理はさらに拡大するが、準備期間が1か月程度あったとしても、当然に即日結審・宣告とする合理的理由はない。当事者の要望を条件として即日宣告もあり得ることにしておけばよいだけである。

4　意見陳述や有利な証拠の提出を現実に保障すべきである

道交法が保障する意見表明や有利な証拠の提出権はその具体的な裏打ちがなければ何も保障していないのと同じことになる。

ここで想定される「意見」は、自分は違反をしていないとか、想定されている処分は不当に重い処分だというようなものが多いであろう。しかし、

現行の方式では意見聴取当日にドライバー本人に与えられる時間はせいぜいで５分程度である。意見を裏付ける資料の提出ができると言われても、その日に結論を出すのではどれだけの意味があるかということになる。例えば、「病身の老母を自宅・病院間で搬送するのに自身の免許が不可欠だ」という意見を述べ、自身の住民票と母親の診断書を提出したとする。公安委員会は母親の病状や移動の難しさや介助の必要性について直接医療機関や母親に確認することをしない。５分間ではそのような調べをする時間がそもそもないし、聴取の後に時間を取って調べることもしない。

　「そういうやり方はおかしい」と言うと、「あなたの意見は今日十分聞いた」と答える。このやりとりは、公安委員会が当事者の言い分に耳を傾けるというのは口先だけだということを示している。だが、道交法は公安委員会がそのように形ばかりの「意見」聴取や「証拠」提出で済ませるのをよしとしていない。公安委員会が法の規定を踏みにじって暴走しているのである。

　「有利な証拠」というのは書証に限られない。また、「有利な証拠を提出する権利」は「不利な証拠を弾劾する権利」を含む。取締りに当たった警察官や目撃者などを証人に呼ぶこともあり得る。警察官の供述をドライバーの側で準備することは普通は困難であるし、目撃者がいると言われているだけではその人物がどこの誰かドライバーにはわからない。

5　専門的知識を有する参考人や当該事案の関係人から意見や事情を聴くことを現実に保障すべきである

　事故事例で医師や鑑定人（解析技能者）などに聞きたい場合だとか、違反事例でもブレーキ性能などについて技術専門家の意見を聞きたい場合などである。道交法がそのような専門家や関係人の出頭を求めて意見や事情を聴くことを認めていることを知らない職員もいる。

意見聴取期日通知書には、言いたいことや求めたいことを申し出れば検討すると書くべきである。意見聴取に関する当事者の権利の記述がないのは許されない。意見聴取の当日にそのような申請をすれば、主宰者は呆れたような顔をして直ちに却下するだろう。存在するのは徹底的な上から目線と専権である。

　意見聴取の会場にいるのは主宰者と立会い警察官だけである。専門的知識を有する参考人や当該事案の関係人から意見や事情を聴くといっても、参考人や関係人が言ったことを記録する者もいないのである。

6　慎重な審理を尽くすべきである

　公安委員会は結論を出すのに現状よりはるかに時間をかけるべきである。問題は当該ドライバーが保有する権利の消長に関わることである。とりわけドライバーに対する制裁が極めて重くなった今日、迅速簡略に結論を出すことは重大な人権侵害に直結するおそれがある。

　交通違反をめぐる情勢は往事とは大きく変わっている。短期間の多数事案処理を求められる時代は今や過去のものになった。30年前には違反件数が1270万件であったのが2016年には670万件と実に２分の１近くに減っている。今や落ち着いて一つひとつのケースについて丁寧に審査する余裕が生まれている。公安委員会は余剰人員を他の部署に回すのではなく、行政処分部門への配置を厚くしてドライバーへの懇切な対応を保障しなければならない。

7　意見聴取期日通知書にドライバーの権利に関する説明を記載すべきである

　以上に述べた改革を踏まえ、公安委員会は意見聴取期日通知書に次のことを書く。

ア　公安委員会は公開による意見の聴取を行います。
イ　意見聴取日は〇月〇日午前〇時です。本通知書の到達から1か月以上の日にちをあけているつもりですが、都合がつかない場合はあらためて日時を決めますのでその旨申し出て下さい。
ウ　意見聴取日にはあなたもしくはあなたの代理人は、公安委員会に対して言いたい意見を述べたり、あなたに有利な証拠を提出することができます。その要望がある時は当日要請されても結構ですが、予めそのことを書面で要請されれば当委員会は事前に検討いたします。
エ　必要があると認めるときは、道路交通に関する事項に関して専門的知識を持つ参考人や当該事案の関係人の出頭を求め、これらの方から意見や事情を聴くことがあります。この要望がある時も前項と同じく当委員会にその旨要請して下さい。
オ　意見聴取日にはあなたは補佐人の補佐を受けることができます。その場合には当日もしくは事前に補佐人出頭許可申請書を提出していただきます。補佐人希望者の意見書が事前に提出されれば、当委員会はこれも参考にすることがあります。
カ　公安委員会の審理は意見聴取日に開始されますが、審理がいつ終了かは事案の内容により異なります。結論が出るまでにかなりの日にちを要することもありますので、意見聴取日に結論を出してほしい方はその旨申し出て下さい。事情が許せば同日中に結論を出すこともあります。

8　意見聴取の機会を重視し、補佐人活動を積極的に推し進める

　ドライバーの皆さんには、意見聴取の機会を重視してもっと物を言うドライバーになることを提案したい。弁護士の皆さんには、補佐人の仕事に関心を寄せ行政処分の際にも主張することが少なくないことを知っていただきたい。また、司法書士や行政書士など弁護士以外の法律関連職の皆さ

んにもぜひ積極的に補佐人になってほしいと思う。

　私が意見聴取の期日に会場で感じるのは、羊のようにおとなしいドライバーであっては駄目だということである。独りよがりの主張は論外だが、違反の背景に潜む事情など人を納得させ得る主張をもっと旺盛に行う余地がある。

　行政処分には軽減の基準があるのに、実際に適用されている例は非常に少ない。軽減基準の存在を一般に知らせる努力をしない公安委員会（警察）の責任が重大であることは言うまでもないが、その批判や改善は国民の側から軽減基準の適用を積極的に求めてゆく中で行いたい。

　声を上げればすぐに変わるという訳にはいかないが、黙っていては現状は少しも変わらないし、現在の行政処分の運用は国民の支持を得ているなどという欺瞞的な評価にも使われかねない。多くのドライバーが声を上げ、これに呼応する補佐人の数が増える中で状況は少しずつ改善されるに違いない。

25 行政処分改革に向けた提言

　意見聴取は行政処分に向かう過程で実施される手続である。意見聴取の改革は行政処分の改革を抜きに論じることができず、行政処分の改革は道交法をめぐる警察活動の改革を抜きに論じることができない。ここでは中長期にわたる提言を含め、筆者の考えるところをまとめて紹介する。

1　道路交通規制の異様な厳格化と警察・司法当局の責任

　点数制度が導入されたのは我が国のモータリゼーションが本格化した1968年であった。その後も道交法は数え切れないほど改正を繰り返し、点数制度や行政処分に関連した大改正も少なくなかった。行政処分は基本的に道交法違反に連動した制度であるため、交通警察活動のあり方に対する国民の批判もその間絶えることなく展開されてきた。

　その経緯は拙著『交通違反取締りへの挑戦』（芸文社刊）に譲るが、非常識な違反取締りの実情が国会でも追及され、警察庁の要人が遺憾の意を表明するなどのこともあった。道交法に基づく取締りの歴史は、弁明と是正約束と謝罪の歴史と言っても過言ではない。くり返し指摘されたのは、「国民の理解と支持」の取りつけに向けた警察当局の努力不足であった。

　しかし、この間の状況を見ると、交通関連法制の異様な厳格化を指摘しない訳にいかない。今世紀に入ってから道路交通や交通事故に関する法規制は厳格化、厳罰化の一途を辿っている。かつて交通安全は、安全施設を整え（Engineering）、安全教育を推進し（Education）、その上で法的強制を実行する（Enforcement）というものだったが（「3E政策」と言われた）、その考え方はこの間大きく変わった。

新しい考え方は法に触れた者を厳しく処断することを交通安全政策の中軸に置く。危険運転致死傷罪の登場も交通関連諸法令の顕著な厳罰化も行政処分における重処分化もその流れの中にある。この考え方は、法違反者は法に違反したがゆえに厳しく非難されるべきだという法遵守一辺倒の思想に収斂する。処罰こそ安全確保の王道だと言うのか、交通安全に寄与するかどうかを問題にしないと言うのか、その主張の根幹にある考え方ははっきりしないが、明確に言えるのは厳罰をひとまず先に置くということである。
　問題なのは、警察官の職務は常に基本的に適正に執行されているという警察の姿勢である。これを〈警察無謬の原則〉という。警察は自身の判断や処置に問題がなかったかという視点で事態を省察する姿勢を基本的に持たない。しかし、警察が間違うことはあり得ないという姿勢は、市民を確実に絶望に陥れ、根底的な警察不信を形成する。恐るべき長い伝統（？）を持つこの思想は、厳罰主義の傾向と相まって道交法の取締りの現場に深刻な人権侵害の温床を創り出している。
　警察活動の暴走をチェックする任務を負う検察や裁判所がその役割を果たさない我が国の司法の宿弊の問題がある。元死刑囚が死刑台から生還した冤罪事件の陰には、膨大な不法警察官・不法検察官、不法裁判官がいることを忘れてはならない。道交法違反という日常的な犯罪の世界にも、「日常的」に警察官の判断の誤りが潜んでいる可能性がある。誤りの秘匿隠蔽は重大な冤罪事件に限られない。重大事件を犯罪の頂きにおくとすれば、その裾野に広がる卑近な道交法違反事件にも冤罪や不当な判断が少なからず潜んでいる。
　道交法の適正な運用に責任を負う警察と検察・裁判所の責任が今ほど問われている時はない。

2　交通安全との関係を正しく踏まえた法運用に変える

　道交法違反の取締りは1984年には1370万件台であったが、2016年には半分以下の670万件台に下がった。その間に車両保有台数は42％、運転免許保有者数は62％も増えているのにである。僅かな年数の間にこの国の交通環境が一気に安全になったとも思われず、この国に住むドライバーの交通安全思想が神がかり的に向上したとも思われない。しかし警察庁は、この変化に先立って取締り緩和方針を明示することもなく、減少を筋道立てて総括したこともない。当局は市民が知らない間に取締りを何となく減らし、違反が少なくなった理由についても市民にきちんと説明しない。

　国民が折々知らされるのは違反取締りに関する警察官の不祥事である。少なくない警察官がもみ消しに絡み仲間の違反歴を抹消したことがメディアで話題になる。それらが警察組織の底なしの綱紀の緩みを反映していることは明らかだが、それだけではなく交通取締りと交通安全の間には確かな関係はないという認識が警察組織の中に明確に存在していることを示している（一般の刑事事件に「もみ消し」や「犯罪履歴の抹消」が極めて考えにくいことと対比すればそれは明確である）。警察部内には交通違反はそれほど問題にすべきことではないという不抜の確信が明らかに存在する。

　警察は、交通取締りの必要性についてどれだけ実証的な分析をしているのかということについて、筆者は深い疑いを持っている。違反類型別の目標検挙数を都道府県で割り振り、所轄警察単位で割り振り、違反多発箇所別に割り振っているだけではないか（警察庁はそのような指示や通達を堂々と出さなくても、実務がそのようになっていることを問題にしていないはずである）。真剣にそのような分析をしているのなら、現場にもみ消しや抹消は起こり得ない。

　「取締りが適切に行われたために事故が減ってきた」と言われることがある。しかし簡単にそう言うことはできない。「事故が減っているのに意味も

なく取締り延々と行われているだけ」なのかも知れないからである。取締りと交通安全の関係を科学的に解明しなければならない。「取締りの実施」と「交通安全」の因果関係を科学的に証明すること、その証明を国民の支持と理解を伴う形で行うこと（論証の過程に国民の声を正確に反映させること）が必須の前提になる。この努力を怠って取締りや処分を強行すれば、国民の警察批判は強まりこそすれ、ドライバー自身が納得して安全運転を決意する契機になどなる訳がない。

3　行政処分の基準を是正し、捜査や処分に関するデータを公表する

　公安委員会（警察）は交通違反の検挙状況の分析評価を交通安全との関係で厳密に行うべきである。当局はいかなる違反を重視し、どのような方針をもって違反を取り締まろうとしているのかを国民に明確に示さなければならない。喫緊の課題は、道路交通の現実に整合しない厳罰化の見直しである。行政処分の総数が減少しているのに国民の声を真摯に聞かないという警察批判の声が強まっていることを筆者は強く感じている。

　データの非公表も大問題である。例えば、年々公表される「交通統計」の中で、警察当局は行政処分の最終結果を示すだけで、処分経過の実情を明らかにしない。本来の対象処分事件の数、対象どおりの処分を言い渡した数とより軽い処分にした数の実情も発表しない。軽減ランクのレベルもまったくわからない。異議申立ての数、申立て中異議が受け入れられた数と受け入れられなかった数の実情も発表しない。裁判所が判決の内容を詳細に公表し、検察が起訴不起訴の別を公表しているのに比べるとその違いは歴然としている。警察無謬の原則は、警察の判断が是正されたことを隠すことにまで及んでいる。

　情報が詳細に伝わることにより、国民は制裁の実情を知り、制裁の予測を立て、自身の運転行動のありようを決める。交通安全の思想はそういう

過程を通じて国民の間に定着してゆく。交通警察の窮極のブラック構造は国民に交通安全の正しい現場判断を予見させないこと、予見を困難にさせることを目的とするものと言わざるを得ない。この秘密主義は警察が国民とともに交通安全を実現しようとしているなどというのは神話に過ぎないことを雄弁に物語るものである。

4　違反の存否や犯情の程度に関する捜査のあり方を変える

　速度違反のように機械的判定によるものを別として、交通違反のほとんどは警察官の判断によって認定される（速度測定にもパトカーや白バイの追尾測定のような人為的判定もあるが）。そのため犯罪が真実成立していたか否かは、警察官の判断とドライバーの判断のどちらを正しいと見るかによって決まるケースが極めて多いことになる。

　わかりやすく言えば、警察官が証人と検察官と裁判官と執行官を兼ねているようなものである。そのような違反判定構造の危うさを警察当局は深く自覚しなければならない。国民の警察不信の根底にあるのは、警察は国民の主張を否定しその権利を踏みにじっても何の責任も負わないで済むという構造への批判や怒りなのである。

　第1次交通戦争と言われ、取締り強化が叫ばれた1970年当時の免許保有者数は2600万人ほどであった。この半世紀近くの間にその数は3倍を超える8200万人に達し、社会的活動に関わる人々（免許取得可能年齢以上の車両運転可能な国民）の90％近くが免許を持つ状況になった。ドライバーを警察活動の批判者の側に回すということは国民のほとんどを警察批判者に仕立てるのと同じ意味を持つ時代である。そのことに警察当局はいまだに気付いていないように見受けられる。

入門
交通行政処分への対処法

資料編

● 資料1

運転免許の効力の停止等の処分量定の特例及び軽減の基準について

警察庁丁運発第44号
平成21年4月30日
警察庁交通局運転免許課長

各管区警察局広域調整部長
各管区警察局総務監察・広域調整部長殿
警視庁交通部長
各道府県警察本部長

運転免許の効力の停止等の処分量定の特例及び軽減の基準について

　道路交通法の一部を改正する法律（平成19年法律第90号）及び道路交通法施行令の一部を改正する政令（平成21年政令第12号）により、運転殺人等、運転傷害等、危険運転致死傷、酒酔い運転、麻薬等運転及び救護義務違反が特定違反行為とされ、特定違反行為をしたことを理由として処分を行う場合の欠格期間が10年を越えない範囲内で指定することなどとされた。これに伴い、「運転免許の効力の停止等の処分量定基準の改正について」（平成21年4月30日付け警察庁丙運発第11号）により、運転免許の効力の停止等の処分量定基準が改正されたことから、処分量定基準に基づく運転免許の効力の停止等の処分量定の特例及び軽減の基準について下記のとおり改正したので、本年6月1日以降にした行為を理由とする運転免許の効力の停止等の処分に当たっては、これを標準とされたい。
　なお、本年6月1日をもって、「運転免許の効力の停止等の処分量定の特例及び軽減の基準について」（平成14年5月16日付け警察庁丁運発第50号）は廃止するが、本年5月31日以前にした行為を理由とする運転免許の効力の停止等の処分量定の特例及び軽減の基準については、廃止された基準を標準とすることとなるので、誤りのないようにされたい。

記

第1　処分量定に関する特例基準
　1　一般違反行為（道路交通法施行令（以下「令」という。）第33条の2第1項第1号の一般違反行為をいう。以下同じ。）をしたことを理由とする処分を猶予された後に、再び違反行為（一般違反行為及び特定違反行為（令第33条の2第2項第1号の特定違反行為をいう。以下同じ。）をいう。以下同じ。）をしたことにより、新たに処分の基準点数に達した場合

における処分量定の特例

　　別表第1のとおり。
2　処分を受ける者の責に帰すべき理由以外の理由により違反行為又は重大違反唆し等若しくは道路外致死傷（以下「違反行為等」という。）の発生の順に処分を行うことができなかった場合における処分量定の特例
　(1)　運転免許（以下「免許」という。）の効力の停止等の処分期間中又はその処分終了後に当該処分前にした違反行為を認知した場合
　　　別表第2の1のとおり。
　(2)　一度処分の基準点数に達した者が、その処分が行われるまでの間に再び違反行為を重ねたことによって新たに処分の基準点数に達した場合
　　　別表第2の2のとおり。
　(3)　違反行為等をしたことを理由とする免許の取消し処分を行った後に、当該処分前にした違反行為等を遅れて認知し、かつ、欠格期間の指定を変更すべき事由が生じた場合
　　　別表第2の3のとおり。
3　処分の基準に該当した者に対して、その者の責に帰すべき理由以外の理由により当該処分の理由となった違反行為等をした日から免許を受けていた期間（免許の効力が停止されていた期間を除く。以下「免許期間」という。）が1年以上経過した後に処分をする場合における処分量定の特例
　　別表第3のとおり。
4　前歴のある者が処分の基準点数に達した場合において、当該処分の理由となった違反行為の前に1点の一般違反行為を1回したことにより前歴とされているものであり、かつ、その1点の一般違反行為の前又は後に1年に近い違反行為等をしない免許期間がある場合における処分量定の特例
　　別表第4のとおり。
5　前歴のある者が処分基準に達した場合において、当該前歴がその者の責に帰すべき理由以外の理由により、1年以上の免許期間の処分遅れによるものである場合における処分量定の特例
　　別表第5のとおり。
6　処分量定に関する特例基準運用上の留意点
　(1)　処分を猶予された後に再び違反行為をしたことにより処分の基準点数に該当した者について、処分量定を行う場合には、当該処分の理由となる違反行為のみでなく、処分猶予に係る違反行為についても、違反事実及び処分を猶予した理由等を確認するとともに、更に処分量定上考慮すべき新たな事情がないかどうかを確認するなど、できるだけ被処分者に納得の得られる処分を行うようにすること。
　(2)　違反行為の認知の遅れ又は処分の遅れが、被処分者の責に帰すべき理由以外の理由によるものである場合には、そのために被処分者に不利益となることのないよう特段の配意をすること。

第2　処分の軽減等の基準
1　停止等の処分の軽減の基準
　　処分基準に該当することとなった者において次の各号に掲げる事情があり、かつ、処分を軽減することがその者の運転者としての危険性の改善に効果があると認められるときは、30日間の処分を軽減することができるものとする。
　　なお、前歴のない者が次に掲げる2以上の事由に該当し、かつ、その他にもその者の運転者としての危険性がより低いと評価すべき特段の事情があって、処分を軽減することが明らかにその者の危険性の改善に効果があると認められる場合に限って60日間の処分軽減をすることができるものとする。
　(1)　交通事故の被害の程度又は不注意の程度のいずれか一方が軽微であり、かつ、その他にも危険性がより低いと評価すべき事情がある場合
　(2)　違反行為等の動機が、災害、急患往診、傷病人搬送その他やむを得ない事情によるものであり、かつ、危険性がより低いと認める場合
　(3)　違反行為等が他からの強制によるものであるなどやむを得ない事情によるものであり、危険性がより低いと認める場合
　(4)　被害者の年齢、健康状態等に特別な事情があるとき等同一原因の他の事故に比べて被害結果を重大ならしめる他の事由が介在した場合であって、その他にも危険性がより低いと評価すべき事情がある場合
　(5)　被害者が被処分者の家族又は親族であって、その他にも危険性がより低いと評価すべき事情がある場合
　(6)　前各号に掲げる場合のほか、危険性がより低いと評価すべき特段の事情があり、明らかに改善の可能性が期待できる場合
2　停止等の処分の猶予の基準
　　処分の基本量定の期間が30日に該当する者で、1の各号に掲げる事情があり、かつ、処分を猶予することがその者の運転者としての危険性の改善に効果があると認められるときは、処分を猶予することができるものとする。
　　なお、処分の基本量定の期間が60日に該当する者（前歴かない者に限る。）で、1の各号に掲げる2以上の事由に該当し、かつ、その他にもその者の運転者としての危険性がより低いと評価すべき特段の事情があって、処分を猶予することが明らかにその者の危険性の改善に効果があると認められるときは処分を猶予することができるものとする。
3　処分を軽減又は猶予する場合の留意点
(1)　処分の軽減に当たっては、前記1の処分軽減事由に該当する場合であっても、無条件に処分軽減の対象とすることなく、違反行為等の内容及び被処分者の運転者としての危険性を慎重に検討した上で、社会的に相当と認められる範囲内で処分の軽減をすること。
　(2)　処分の軽減に当たっては、同一の条件にある者に対して不公平な取扱いにならないよう、慎重にその内容を検討するとともに、処分を軽減した事案を分類整理しておき、これらの先例を参考にしながら、公平な取扱いができるようにすること。特に処分の期間を60日軽減する事案については、慎重に事案の内容を検討するとともに、30日軽減する

事案と比較して社会的に相当と認められる合理的、かつ、明確な特殊事情のあるものに限定すること。
(3)　処分を猶予するときは、必ず処分を猶予される運転者の出頭を求め、その者の違反行為等の内容、処分を猶予される理由及び違反行為を理由とする処分の猶予の場合には、今後更に違反行為をしたときは、処分を猶予した以前の違反点数も累積して処分を行うことになる旨を説明して、無事故・無違反に努めるよう指導すること。

別表第1

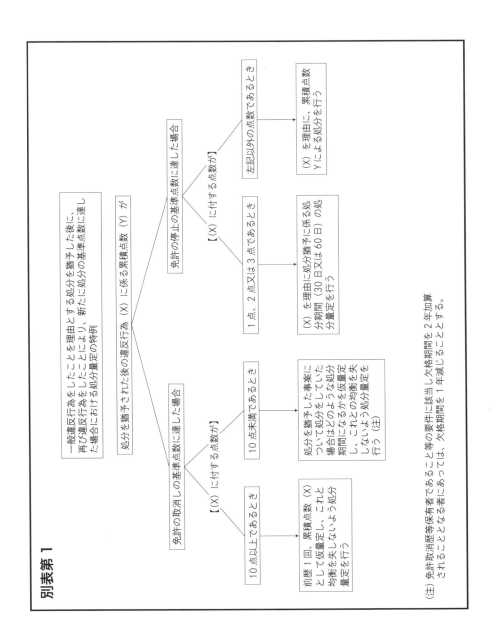

資料1　運転免許の効力の停止等の処分量定の特例及び軽減の基準について

別表第2の1

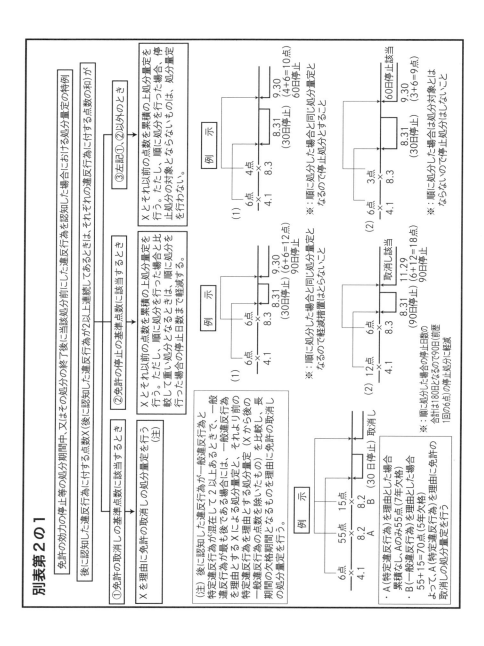

別表第2の2

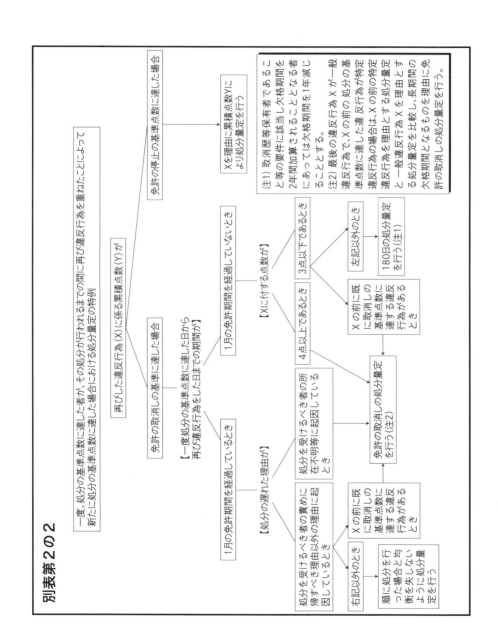

別表第2の3

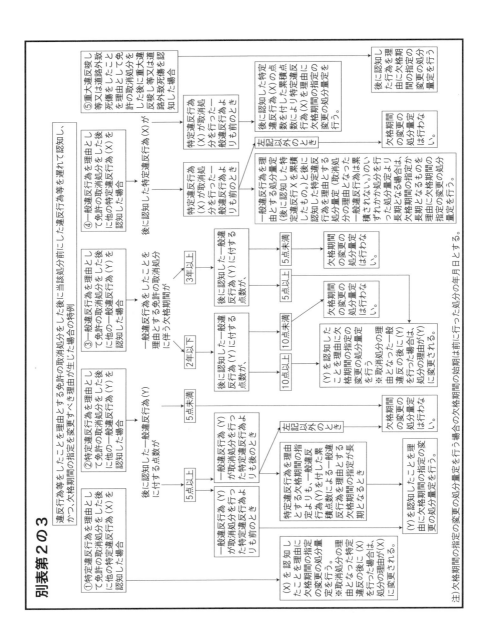

別表第3

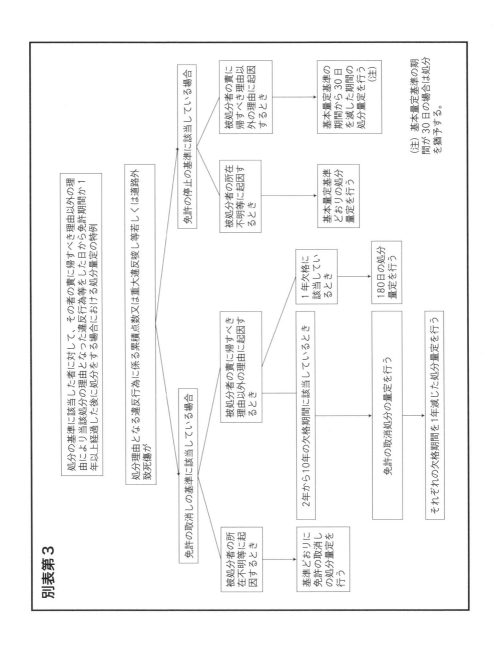

資料1　運転免許の効力の停止等の処分量定の特例及び軽減の基準について

別表第4

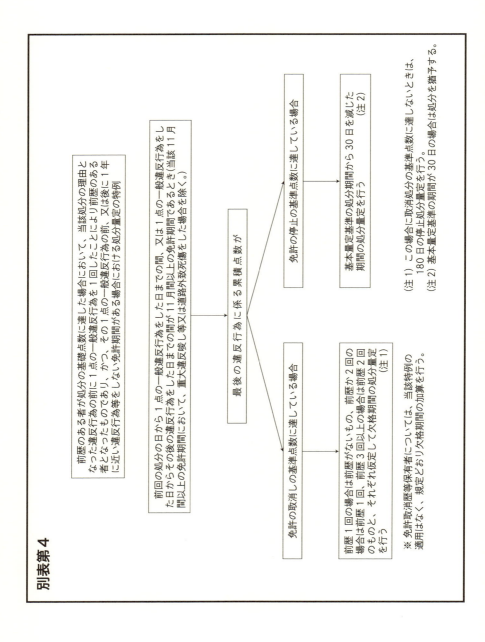

前回の処分のある者が処分の基礎点数に達した場合において、当該処分の理由となった違反行為の前に1点の一般違反行為を1回したことにより前歴のある者となったものであり、かつ、その1点の一般違反行為の前、又は後に1年に近い違反行為をしない免許期間がある場合における処分量定の特例

前回の処分の日から1点の一般違反行為をした日までの間、又は1点の一般違反行為をした日からその後の一般違反行為をした日までの間が11月以上の免許期間であるとき（当該11月間の免許期間において、重大違反教唆等又は道路外致死傷等をした場合を除く。）

最後の違反行為に係る累積点数が

免許の取消しの基準点数に達している場合

免許の停止の基準点数に達している場合

前歴1回の場合は前歴がないもの、前歴が2回の場合は前歴1回、前歴3回以上の場合は前歴2回のものと、それぞれ仮定して欠格期間の処分量定を行う（注1）

基本量定基準の処分期間から30日を減じた期間の処分量定を行う（注2）

※ 免許取消歴等保有者については、当該特例の適用はなく、規定どおり欠格期間の加算を行う。

（注1）この場合に取消処分の基準点数に達しないときは、180日の停止処分量定を行う。
（注2）基本量定基準の処分期間が30日の場合は処分を猶予する。

別表第5

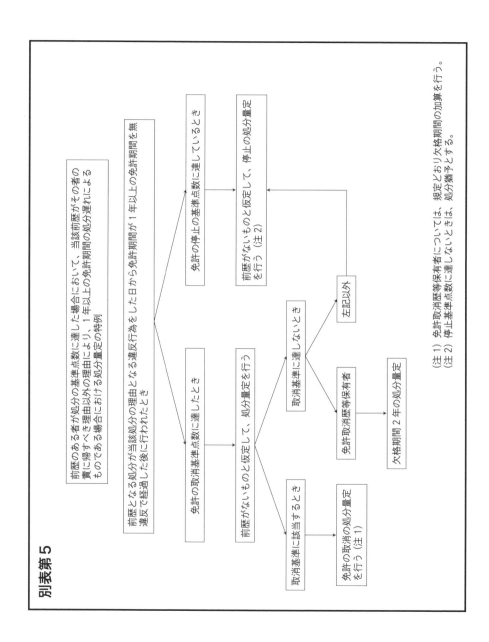

資料1 運転免許の効力の停止等の処分量定の特例及び軽減の基準について

● 資料2

運転免許の効力の停止等の処分量定基準の改正について（通達）

警察庁丙運第40号
平成25年11月13日
警察庁交通局長

各地方機関の長
各都道府県警察の長 殿
（参考送付先）
各附属機関の長

運転免許の効力の停止等の処分量定基準の改正について（通達）

　「運転免許の効力の停止等の処分量定基準について」（平成21年4月30日付け警察庁丙運発第11号）により、運転免許の効力の停止等の処分量定の基準（以下「処分量定基準」という。）を示しているところであるが、「道路交通法の一部を改正する法律」（平成25年法律第43号。以下「改正法」という。）及び「道路交通法施行令及び自動車運転代行業の業務の適正化に関する法律施行令の一部を改正する政令」（平成25年政令第310号。以下「改正令」という。）が本年12月1日から施行されることに伴い、別添のとおり処分量定基準を改正したので、施行日以降にした行為を理由とする運転免許の効力の停止等の処分量定基準の標準とされたい。
　なお、前記通達については、本年12月1日をもって廃止する。

記

1　改正点
　　改正令により、別表第2の1の無免許運転の基礎点数が引き上げられ、違反行為の種別から酒気帯び（0.25未満）無免許運転が削除されることとなった。
　　このため、点数制度によらない免許の効力の停止等の処分の基本量定のうち、危険性帯有の対象となる違反行為の種別から酒気帯び（0.25未満）無免許運転を削除することとした（第1、2(1)イ(イ)関係）。
2　経過措置
　　改正法施行前にした行為を理由とする処分量定の基準は、改正前の処分量定基準によることとなるので、誤りのないようにされたい（改正令附則第3項及び第4項参照）。

運転免許の効力の停止等の処分量定基準
(平成25年11月13日付け警察庁丙運発第40号)

目　次

第1　運転免許の効力の停止等の処分量定基準
　1　点数制度による運転免許の効力の停止等の処分の基本量定（4に規定するものを除く。）
　2　点数制度によらない免許の効力の停止等の処分の基本量定（3及び4に規定するものを除く。）
　3　麻薬、覚せい剤等の使用等をした者等に対する免許の効力の停止の処分量定基準
　4　暴走行為者等に対する免許の効力の停止等の処分量定基準
　5　違反者講習を受講しなかった者に対する免許の効力の停止等の処分量定基準
　6　処分量定に関する特例

第2　処分の軽減及び処分の猶予
　1　取消し等の処分の軽減
　2　停止等の処分の軽減及び猶予

第3　停止等の処分の期間の短縮

第1 運転免許の効力の停止等の処分量定基準
1 点数制度による運転免許の効力の停止等の処分の基本量定（4に規定するものを除く。）
(1) 運転免許の効力の停止の基準（道路交通法施行令（以下「令」という。）
第38条第5項第2号イ）に該当する者
　一般違反行為（令第33条の2第1項第1号の一般違反行為をいう。以下同じ。）に係る累積点数（令第33条の2第3項の累積点数をいう。以下同じ。）が令別表第3の1の表の第1欄に掲げる区分に応じ同表の第7欄に掲げる点数に達したことにより、運転免許（以下「免許」という。）の効力の停止の基準に該当することとなった者の処分の基本量定の期間は、次表の左欄及び中欄に掲げる区分に応じそれぞれ右欄に掲げる期間とす

前歴の回数		累積点数	期間
前歴がない者		6点、7点、8点	30日
		9点、10点、11点	60日
		12点、13点、14点	90日
前歴が1回である者		4点、5点	60日
		6点、7点	90日
		8点、9点	120日
前歴が2回である者		2点	90日
		3点	120日
		4点	150日
前歴が3回以上である者	3回である者	2点	120日
		3点	150日
	4回以上である者	2点	150日
		3点	180日

（注）前歴とは令別表第3の備考の1に規定する前歴をいう。以下同じ。

る。
(2) 免許の保留、免許を与えた後における免許の効力の停止又は6月を超えない範囲内の期間の自動車及び原動機付自転車（以下「自動車等」という。）の運転の禁止の基準（令

第33条の2、第33条の3又は第40条）に該当する者
　前記(1)に掲げる期間は、免許の保留、免許を与えた後における免許の効力の停止又は6月を超えない範囲内の期間の自動車等の運転の禁止の基準に該当することとなった者の処分の基本量定について準用する。
　なお、免許の保留又は免許を与えた後における免許の効力の停止の処分の基準に該当する者（運転免許試験に合格した者で、当該試験に係る免許以外の免許を現に受けている者又は国際運転免許証若しくは外国免許証を現に所持している者（以下「他免許等既得者」という。）を除く。）については、前記(1)に掲げる期間から、当該処分の理由となった一般違反行為をした日（令第33条の2第4項各号に掲げる者については、当該各号に定める日とする。）から当該処分の日までの既に経過した期間を除いた残りの期間を処分期間とするものとする。

2　点数制度によらない免許の効力の停止等の処分の基本量定（3及び4に規定するものを除く。）
(1)　免許の効力の停止の基準（令第38条第5項第2号ロ又はハ）に該当する者
　　重大違反唆し等若しくは道路外致死傷又は危険性帯有により免許の効力の停止の基準に該当することとなった者の処分の基本量定の期間は、次のとおりとする。なお、その他については、別途通達する。
　ア　重大違反唆し等・道路外致死傷（令第38条第5項第2号ロ）
　　(ア)　令別表第4第4号に掲げる重大違反唆し等をしたときは、次表の左欄に掲げる重大違反の種別に応じ、それぞれ右欄に掲げる期間

重大違反の種別	期間
酒気帯び（0.25未満）速度超過（25未満）等、酒気帯び運転（0.25未満）、大型自動車等無資格運転、仮免許運転違反又は速度超過（50以上）	90日以上
速度超過（30（高速40）以上50未満）、積載物重量制限超過（大型等10割以上）、無車検運行又は無保険運行	30日以上

（注）重大違反の種別は、令別表第2の1の表に定める点数が6点から14点までの違反行為の種別をいう。

　　(イ)　令別表第4第4号に掲げる道路外致死傷をしたときは、次表の左欄に掲げる道路外致死傷の種別に応じ、中欄又は右欄に掲げる期間
　　　なお、処分の基本量定の期間は、当該事故が道路交通法（以下「法」という。）第2条第1項第1号に規定する道路（以下「道路」という。）におけるものであった場合

において、その処分が令第38条第5項第1号に掲げる免許の取消しの基準に該当するものであるときは、180日の期間、同項第2号に掲げる免許の停止の基準に該当す

道路外致死傷の種別	専ら当該道路外致死傷をした者の不注意によるものである場合における期間	中欄に規定する場合以外の場合における期間
人の傷害に係る道路外致死傷で負傷者の負傷の治療に要する期間が3月以上であるもの又は後遺障害が存するもの	─	60日以上
人の傷害に係る道路外致死傷で負傷者の負傷の治療に要する期間が30日以上3月未満であるもの（後遺障害が存するものを除く。）	60日以上	30日以上
人の傷害に係る道路外致死傷で負傷者の負傷の治療に要する期間が15日以上30日未満であるもの（後遺障害が存するものを除く。）	30日以上	30日以上

(注) 1 負傷者の負傷の治療に要する期間は、当該負傷者の数が2人以上である場合にあっては、これらの者のうち最も負傷の程度が高い者の負傷の治療に要する期間をいう。イ(オ)において同じ。
　　 2 この欄の後遺障害とは、当該負傷者の負傷が治ったとき（その症状が固定したときを含む。）における身体の障害で国家公安委員会規則で定める程度のものをいう。

　　るものであるときは、前記1の（1）に定める基本量定に準じた期間とする。
イ　危険性帯有（令第38条第5項第2号ハ）
　　次に掲げる行為をした者が、自動車等を運転することが著しく道路における交通の危険を生じさせるおそれがあるときは、それぞれの行為ごとに定める期間
　(ｱ)　自動車等の使用者その他自動車の装置の整備について責任を有する者が次表の左欄に掲げる一般違反行為をさせたときは、右欄に掲げる期間

一般違反行為の種別	期間
整備不良（制動装置等）又は整備不良（尾灯等）	30日以上

(イ) 自動車の使用者（安全運転管理者、副安全運転管理者その他自動車の運行を直接管理する地位にある者を含む。3において「使用者等」という。）がその者の業務に関し、自動車の運転者に対し、次表の左欄に掲げる違反行為を命じ、又は自動車の運転者がこれらの行為をすることを容認したとき（令第38条第5項第1号ロ又は第2号ロに該当する場合を除く。）は、それぞれの区分に応じ右欄に掲げる期間

違反行為の種別	期間
酒気帯び運転（0.25 以上）、過労運転等、無免許運転、酒気帯び（0.25 未満）速度超過（50 以上）等、酒気帯び（0.25 未満）速度超過（30（高速 40）以上 50 未満）等、酒気帯び（0.25 未満）速度超過（25 以上 30（高速 40）未満）等、酒酔い運転又は麻薬等運転	180 日
酒気帯び（0.25 未満）速度超過（25 未満）等、酒気帯び（0.25 未満）、大型自動車等無資格運転又は速度超過（50 以上）	90 日以上
速度超過（30（高速 40）以上 50 未満）、積載物重量制限超過（大型等 10 割以上）、速度超過（25 以上 30（高速 40）未満）、放置駐車違反（駐停車禁止場所等）、積載物重量制限超過（大型等 5 割以上 10 割未満）、積載物重量制限超過（普通等 10 割以上）、速度超過（20 以上 25 未満）、放置駐車違反（駐車禁止場所等）、積載物重量制限超過（大型等 5 割未満）、積載物重量制限超過（普通等 5 割以上 10 割未満）、速度超過（20 未満）又は積載物重量制限超過（普通等 5 割未満）	30 日以上

（注）違反行為とは、一般違反行為及び特定違反行為（令第 33 条の 2 第 2 項第 1 号の特定違反行為をいう。以下同じ。）をいう。以下同じ。

(ウ) 交通事故があった場合において、唆して次表の左欄に掲げる措置義務違反をさせ、若しくは当該違反をした場合に助け、又は自動車の運転者以外の乗務員が左欄に掲げる措置義務違反をしたとき（令第33条の2の3第4項第2号に係る重大違反唆し等に該当する場合を除く。）は、それぞれの区分に応じ右欄に掲げる期間

措置義務違反の種別	期間
人の死亡又は傷害に係る交通事故を起こした場合における措置義務違反	180 日
物の損壊に係る交通事故を起こした場合における措置義務違反	30 日以上

（注）上表において措置義務違反は、法第 72 条第 1 項前段の規定に違反する行為をいう。

(エ)　道路運送車両法第58条第1項又は自動車損害賠償保障法第5条の規定に違反する行為をしたとき（その者が自動車等を運転して当該規定に違反する行為をしたとき及び令第38条第5項第2号ロに該当する場合を除く。）は、30日以上の期間
　(オ)　道路以外の場所で、自動車等を運転し、
　　　a　故意により建造物を損壊したとき　　180日の期間
　　　b　人を負傷させ（故意によるもの及び負傷者の負傷の治療に要する期間が15日以上であるもの又は後遺障害が存するものを除く。）、又は建造物を損壊したとき（故意によるものを除く。）は、当該事故が、道路におけるものであった場合において、その処分が令第38条第5項第1号に掲げる免許の取消しの基準に該当するものであるときは、180日の期間、同項第2号に掲げる免許の停止の基準に該当するものであるときは、前記1の(1)に定める処分の基本量定の期間に準じた期間
　(カ)　自動車等の運転を利用して、著しく道路における交通の危険を生じさせるおそれのある犯罪を犯したときは、30日以上の期間
　(キ)　免許の効力の停止の期間中に当該免許を失効させた者又は再試験に係る免許の取消しを受けた者が、当該免許の効力を停止することとされていた期間が経過しない間に免許を受けたときは、当該処分の日を起算日とする処分の残期間
　(ク)　免許証を偽造し、若しくは変造したとき、又はこれらの行為に関与したときは、60日以上の期間
　(ケ)　不正の手段で免許又は免許証を取得し、若しくは取得しようとしたとき、又はこれらの行為に関与したときは、60日以上の期間
　(コ)　前各号に掲げる場合のほか、その者が自動車等を運転することが道路における交通の危険を生じさせるおそれがあると認められる行為をしたときは、30日以上の期間
(2)　免許の保留又は免許を与えた後における免許の効力の停止の基準（令第33条の2又は第33条の3）に該当する者
　　前記(1)のアに掲げる期間は、免許の保留又は免許を与えた後における免許の効力の停止の基準に該当することとなった者の処分の基本量定について準用する。
　　なお、免許の保留又は免許を与えた後における免許の効力の停止の処分の基準に該当する者（他免許等既得者を除く。）については、前記(1)のアに掲げる期間から、当該処分の理由となった重大違反唆し等又は道路外致死傷をした日（令第33条の2第4項各号に掲げる者については、当該各号に定める日とする。）から当該処分の日までの既に経過した期間を除いた残りの期間を処分期間とするものとする。
　（注）重大違反唆し等をした日は、唆した日又は助けた日とするものとする。

3　麻薬、覚せい剤等の使用等をした者等に対する免許の効力の停止の処分量定基準
　　次表の左欄に掲げる行為をした者が、自動車等を運転することが著しく道路における交通の危険を生じさせるおそれがあるときは、令第38条第5項第2号ハの規定による免許の効力の停止を行うこととし、その処分の基本量定の期間は、それぞれ右欄に掲げる期間とする。

区分	期間
法定の除外事由なしに麻薬、覚せい剤等の使用等をした者、法定の除外事由なしに、使用等の目的で麻薬、覚せい剤等を所持した者等で、反復して麻薬、覚せい剤等の使用等をするおそれがあるもの	180日
免許を受けた者に対し、法定の除外事由なしに麻薬、覚せい剤等の譲渡し等をした者	
自動車の使用者等で、その者の業務に関し、自動車の運転者に対し、麻薬、覚せい剤等の使用等をして自動車を運転することを命じ、又は自動車の運転者がこれらの行為をすることを容認した者（令第38条第5項第1号ロに該当する場合を除く。）	90日以上
麻薬、覚せい剤等の使用等をした者に対し、唆して自動車等を運転させ、若しくはこれを助け、又は自動車等を運転する者に対し、唆して麻薬、覚せい剤等の使用等をさせ、若しくはこれを助けた者	

（注）上表における用語の意味は、それぞれ次に定めるところによる。
  1　麻薬とは、麻薬及び向精神薬取締法第2条に規定する麻薬をいう。
  2　大麻とは、大麻取締法第1条に規定する大麻をいう。
  3　あへんとは、あへん法第3条に規定するあへん又はけしがらをいう。
  4　覚せい剤とは、覚せい剤取締法第2条に規定する覚せい剤又は覚せい剤原料をいう。
  5　麻薬、覚せい剤等の使用等とは、麻薬若しくは覚せい剤を自己に使用し、若しくは施用を受け、大麻若しくはあへんを吸食することをいう。
  6　麻薬、覚せい剤等の譲渡し等とは、次に掲げる行為（未遂を含む。）をいう。
   (1)　ジアセチルモルヒネ、その塩類又はこれらのいずれかを含有する麻薬を譲り渡し、交付し、又は他人に施用すること。
   (2)　(1)以外の麻薬を譲り渡し、施用のため交付し、又は他人に施用すること。
   (3)　大麻又はあへんを譲り渡すこと。
   (4)　覚せい剤を譲り渡し、施用のため交付し、又は他人に施用すること。

 4　暴走行為者等に対する免許の効力の停止等の処分量定基準
 (1)　点数制度による免許の効力の停止の基本量定
   ア　免許の効力の停止の基準（令第38条第5項第2号イ）に該当する者
     自動車等の運転者が道路において2台以上の自動車等を連ねて通行させ又は並進させる場合における集団の勢力をかりて行う速度超過、信号無視、整備不良等の違反行為（共同危険行為等禁止違反及び共同危険行為等禁止違反と同時にした違反行為を除く。以下「暴走行為」という。）に係る累積点数が令別表第3の1の表の第1欄に掲げ

　　　　る区分に応じ、同表の第7欄に掲げる点数に達したことにより免許の効力の停止の基
　　　　準に該当することとなった者の処分の基本量定の期間は、１(1)に定める基本量定の期
　　　　間に30日を加えた期間とし、その期間が180日を超える場合は180日とする。
　　イ　免許の保留、免許を与えた後における免許の効力の停止及び６月を超えない範囲内
　　　　の期間の自動車等の運転禁止の基準（令第33条の２、33条の３及び第40条）に該当
　　　　する者
　　　　　前記アに掲げる期間は、免許の保留、免許を与えた後における免許の効力の停止又
　　　　は６月を超えない範囲内の期間の自動車等の運転の禁止の処分の基本量定に準用する。
　　　　　なお、免許の保留又は免許を与えた後における免許の効力の停止の処分の基準に該
　　　　当する者（他免許等既得者を除く。）については、前記アに掲げる期間から、当該処分
　　　　の理由となった一般違反行為をした日（令第33条の２第４項各号に掲げる者について
　　　　は、当該各号に定める日とする。）から、当該処分の日までの既に経過した期間を除い
　　　　た残りの期間を処分期間とするものとする。
　(2)　点数制度によらない免許の効力の停止の処分量定
　　　　次表〔次頁の表──筆者注〕の左欄に掲げる行為をした者が、自動車等を運転するこ
　　　とが著しく道路における交通の危険を生じさせるおそれがあるときは、令第38条第５項
　　　第２号ハの規定による免許の効力の停止を行うこととし、その処分の基本量定の期間は、
　　　それぞれ右欄に掲げる期間とする。

５　違反者講習を受講しなかった者に対する免許の効力の停止等の処分量定基準法第108条
　　の３の２の通知を受けた者で法第102条の２の期間内に同条に規定する違反者講習を受講
　　しなかった者が、違反者講習の理由となった一般違反行為以外に一般違反行為を行ってい
　　た場合において、一般違反行為に係る累積点数が令別表第３の１の表の第１欄に掲げる区
　　分に応じ、同表の第７欄に掲げる点数に達したことにより免許の効力の停止の基準に該当
　　することとなったときの処分の基本量定の期間は、１(1)に定める基本量定の期間に30日を
　　加えた期間とする。

６　処分量定に関する特例
　(1)　一般違反行為をしたことを理由とする免許の効力の停止等の処分を猶予された者がそ
　　　の後違反行為をしたときは、処分を猶予されなかったときに比し、処分が過重にならな
　　　いよう処分量定を行うものとする。
　(2)　処分を受ける者の責に帰すべき理由以外の理由により違反行為又は重大違反唆し等若
　　　しくは道路外致死傷（以下「違反行為等」という。）の発生の順に処分を行うことができ
　　　なかったときは、違反行為等の発生の順に処分が行われたときに比し、処分が均衡を失
　　　せず、かつ、処分が過重にならないよう処分量定を行うものとする。
　(3)　処分を受ける者の責に帰すべき理由以外の理由により処分が遅れた場合で、その者が
　　　当該処分の理由となった違反行為等をした日以後違反行為等をしないで免許を受けてい
　　　た期間（免許の効力が停止されていた期間を除く。以下同じ。）が通算して１年を経過し

ているものであるときは、その実績等を考慮して処分量定を行うものとする。
(4) 前歴のある者の処分の場合で、その者が当該前歴の事由となった違反行為をした日以後、違反行為等をしないで免許を受けていた期間が通算して1年に近い期間を経過しているものであるときは、その実績、その後にした違反行為の危険性等を考慮して処分量定を行うものとする。
(5) 前歴のある者の処分の場合で、当該前歴がその者の責に帰すべき理由以外の理由によ

区分	期間
他人を指揮して暴走行為をさせたとき、又は暴走行為を率先助勢したとき	180日
2人以上の自動車等の運転者が道路以外の場所において2台以上の自動車等を連ねて通行させ、又は並進させる場合において、共同して、著しく他人の生命又は身体の危険を生じさせ、又は著しく他人に迷惑を及ぼすこととなる行為をしたとき	
道路若しくは公園、海水浴場、駅構内等の道路以外の公共の場所において2台以上の自動車等を連ねて通行させ、若しくは並進させる機会における自動車等の運転者若しくは同乗者により集団の勢力をかりて行われる石、ガラスびん、金属片、その他人若しくは車両等を損傷するおそれのある物件を投げ、若しくは発射する行為若しくは暴行、傷害、器物毀棄等の行為で道路における交通の危険を生じさせるおそれのあるもの(以下「集団走行暴力行為」という。)をしたとき、又は唆して集団走行暴力行為をさせ、若しくはこれを助けたとき	90日以上
共同危険行為等禁止違反が行われることを知りながら当該違反に係る自動車等にその集団の一員として乗車していたとき(令第38条第5項第1号ロに該当する場合を除く。)	
(1) 共同危険行為等禁止違反を行うおそれがある集団(以下「暴走集団」という。)に参加した運転者が、道路における当該暴走集団の通行に際し、道路運送車両法(昭和26年法律第185号)第11条第4項、第19条、第36条(第73条第2項において準用する場合を含む。)、第73条第1項(第97条の3第2項において準用する場合を含む。)又は第98条第1項若しくは第3項(不正使用に関する部分に限る。)の規定に違反する行為をしたとき (2) 暴走集団に参加している運転者を指揮して(1)に規定する行為をさせたとき	60日以上

り処分が遅れたことによるものであるときは、通常の手続の範囲の期間内に処分が行われたときに比し、処分が過重にならないよう処分量定を行うものとする。

第2　処分の軽減及び処分の猶予
1　取消し等の処分の軽減
　　一般違反行為をしたことを理由として処分を行おうとする場合に累積点数が令別表第3の1の表の第1欄に掲げる区分に応じ同表の第2欄から第6欄までに掲げる点数に達し、若しくは特定違反行為をしたことを理由として処分を行おうとする場合の累積点数が令別表第3の2の表の第1欄に掲げる区分に応じ同表第2欄から第9欄までに掲げる点数に達し、又は令別表第4第1号から第3号までに掲げる行為をし、若しくは令別表第5第1号から第4号までに掲げる行為をしたことにより、免許の取消し、免許の拒否又は1年以上10年を超えない範囲内の期間の自動車等の運転の禁止の処分基準に該当することとなった者において、その者の運転者としての危険性がより低いと評価すべき特段の事情があるときは、それぞれ次の区分により処分を軽減することができるものとする。
⑴　免許の取消し（免許を与えた後における免許の取消しを除く。）の処分基準に該当する者
　　一般違反行為をしたことを理由として処分を行う場合で、令第38条第6項の規定により、免許を受けることができない期間（以下「欠格期間」という。）が5年、4年、3年又は2年に該当するときは、当該期間から1年を減じた期間に軽減し、当該期間が1年に該当するときは、180日の免許の効力の停止に軽減する。また、特定違反行為をしたことを理由として処分を行う場合で、令第38条第7項の欠格期間から1年を減じた期間に軽減する。
⑵　免許の拒否又は免許を与えた後における免許の取消し（以下「免許の拒否等」という。）の処分基準に該当する者（他免許等既得者を除く。）
　　令第33条の4第1項第2号若しくは第3号又は同条第2項第1号若しくは第2号の規定により、欠格期間が、当該処分の理由となった行為をした日（令第33条の4第3項において準用する令第33条の2第4項各号に掲げる者については、それぞれ当該各号に定める日をいう。以下同じ。）から起算して、10年、9年、8年、7年、6年、5年、4年、3年又は2年を経過するまでの期間に該当するときは、それぞれ当該期間から1年を減じた欠格期間に軽減し、1年を経過するまでの期間に該当するときは処分の理由となった行為をした日から180日を経過するまでの期間の免許の保留又は免許を与えた後における免許の効力の停止に軽減する。
　　なお、これらの期間計算の結果、1年を減じた後の欠格期間又は免許の保留若しくは免許を与えた後における免許の効力の停止に係る期間が既に経過している場合は、免許の拒否等及び欠格期間の指定又は免許の保留若しくは免許を与えた後における免許の効力の停止をしないものとする。
⑶　自動車等の運転の禁止の処分基準に該当する者
　　令第40条第1項第2号若しくは第3号又は同条第2項第1号若しくは第2号の規定

により、自動車等の運転を禁止される期間が10年、9年、8年、7年、6年、5年、4年、3年又は2年に該当するときは、当該期間から1年を減じた期間の自動車等の運転の禁止に軽減し、当該期間が1年に該当するときは、180日の自動車等の運転の禁止に軽減する。

2　停止等の処分の軽減及び猶予

　一般違反行為をしたことを理由として処分を行おうとする場合に累積点数が令別表第3の1の表の第1欄に掲げる区分に応じ同表の第7欄に掲げる点数に達したこと、若しくは令別表第4の第4号に掲げる行為をしたことにより免許の効力の停止、免許の保留若しくは6月を超えない範囲内の自動車等の運転の禁止の基準に該当することとなった者又は危険性帯有により免許の効力の停止の基準に該当することとなった者において、その者の運転者としての危険性がより低いと評価すべき特段の事情があるときは、その者に係る第1において規定する処分の基本量定の期間から30日又は60日（前歴のある者については30日に限る。）を減じた期間に処分を軽減することができるものとする。

　また、処分の基本量定の期間が30日又は60日に該当する者（法第108条の3の2の通知を受けた者で法第102条の2の期間内に同条に規定する違反者講習を受けなかったものを除く。）において、前記特段の事情がある場合は、処分を猶予することができるものとする。

第3　停止等の処分の期間の短縮

　法第108条の2第1項第3号に掲げる講習を受講した者の法第90条第12項又は第103条第10項の規定に基づく処分期間の短縮は、考査の成績が50％以上の者について、受講態度を加味して改善効果を評価し、次表「処分期間の短縮日数の基準」に準拠して行い、50％未満の者については行わないこと。ただし、考査の成績が50％未満の者からの申出に係る再考査の成績が50％以上であるときは前記に準じて処分期間の短縮を行うことができるものとし、この場合における短縮日数は、次表〔次頁の表──筆者注〕の考査成績が可の場合の短縮日数を超えてはならないものとする。

処分期間の短縮日数の基準

受講者			考査成績別短縮日数		
処分区分	講習区分	処分日数	優	良	可
免許の効力の停止 自動車等の運転の禁止	短期講習	30日	29日	25日	20日
	中期講習	60日	30日	27日	24日
	長期講習	90日 120日 150日 180日	45日 60日 70日 80日	40日 50日 60日 70日	35日 40日 50日 60日
免許の保留 免許を与えた後における免許の効力の停止	短期講習	39日以下	受講日を除く残り日数	処分日数の80％に当たる日数	処分日数の70％に当たる日数
	中期講習	40日〜89日	処分日数の50％に当たる日数	処分日数の45％に当たる日数	処分日数の40％に当たる日数
	長期講習	90日〜180日	処分日数の45％に当たる日数	処分日数の40％に当たる日数	処分日数の35％に当たる日数

(注) 1 考査成績の優は85％以上の成績、良は70％以上の成績、可は50％以上の成績とする。
  2 免許の保留又は免許を与えた後における免許の効力の停止の短縮日数を算出する場合において、1日未満の端数は切り捨てるものとする。
  3 受講態度が不良で改善効果が低いと認めた者の短縮日数については、当該本人の考査成績に係る短縮日数を下回るものとすることができる。ただし、考査成績が優の者の短縮日数については良に係る短縮日数を、良の者の短縮日数については可に係る短縮日数を、それぞれ下回らないものとする。
  4 令33条の2第1項第8号に基づく保留処分の短縮日数は、当該処分と同時に行われる免許の効力の停止等の処分の短縮日数と同じとなる。

参考文献

■ 『16-2訂版 執務資料 道路交通法解説』（道路交通執務研究会・東京法令出版・2016年）

　　刑事捜査関係者を中心に、道交法に関わる広範囲の人々が常備している実務解説書。改訂を重ねている。執筆者は警察関係組織。当局の立場に立つが、判例などにも比較的詳しく実務に有用である。また、同書の参考文献欄は詳細である。

■ 『点数制度の実務 七訂版』（運転免許研究会編・啓正社・2014年）

　　公安委員会・警察の処分事務担当官を対象に点数制度のしくみや内容を解説した手引書。このような基準で執務にあたることを指導する公式的で専門的な説明書である。点数制度と行政処分を知ろうとする弁護士としては手元に置くべき基本文献である。

■ 『図解 道路交通法 4訂版』（道路交通法実務研究会編・東京法令出版・2014年）

　　交通警察業務の新任者その他道路交通関係に関わる警察関係者に向けたビジュアルな「交通の自学・自習書」。道交法の基本知識を概説するほか、「行政処分など」の章を設けてわかりやすい説明を追求している。交通警察官としてわきまえていなければならない知識集である。

■ 『怒れ！ ドライバー』（藤川清著・冬樹社・1980年）

　　取締りが猛威を振るった時期に、取締りの在り方を批判する書籍が多く出版された。本書はその嚆矢である。著者は札幌オリンピックのポスターを撮影した写真家。

■ 『ドライバー＆交通警察』（竹岡勝美・潮出版社・1981年）

　　著者は元岡山県警本部長・防衛庁官房長。交通警察の中枢にいた経験を踏まえ、交通違反の検挙件数を警察官・警察署が競いあい、評価するやり方や隠れて取り締まる手法を手きびしく批判している。

■『速度違反取締りへの挑戦』（高山俊吉著・芸文社・1981年）
　前紹介書と同じ時期の書。道交法違反中検挙件数が最も多い速度違反を取り上げ、取締りの実情や問題点を指摘している。速度測定に多く用いられているレーダー式測定器の誤測定の可能性にも論及する。交通警官のあり方に対する批判のほか、当局の反省や謝罪などにも触れている。

■『ネズミ捕りレーダー神話の崩壊』（浜島望著・晩聲社・1981年）
　レーダー式測定に誤測定が起きる理由を科学的に解明した専門書。著者は電波工学の専門家。各地のレーダー裁判の弁護支援活動に力を注ぎ、その結果をまとめた。

■『当世警察事情』（渡邊治ほか著・東研出版・1985年）
　もっとも市民に密着した交通警察活動がほころびを見せ、市民が警察に対する不信と批判を懐く時代に入った時期の書。その現場をさまざまな角度から描いている。著者は憲法研究者や実務法律家など。

■『道路交通法速度違反事件の手引』上下巻（高山俊吉・野崎咲夫監修・青峰社・1989年）
　上巻は速度取締りの実情とレーダー測定器を中心とした検挙事例や判例の網羅的紹介、下巻はレーダー式測定とその誤測定のメカニズムの解説からなる。レーダーによる速度違反検挙の問題点を総合的に解明している。この後、検察は誤測定が推定される事件を強いて起訴するのを止めるようになった。

■『道交法の謎──7500万ドライバーの心得帳』（高山俊吉著・講談社・2004年）
　道交法の取締りをめぐる市民の疑問や懸念に、市民の立場にたって考えている。

■『交通事犯と刑事責任』（岡野光雄・成文堂・2007）
　道交法違反をめぐる諸問題を広範囲に取り上げて論じている。道交法と刑法の関係も取り上げ、ひき逃げや危険運転死致傷罪にも論及する法律専門書

である。

■『交通刑事法の現代的課題　岡野光雄先生古稀記念』（曽根威彦ほか4名編・成文堂・2007年）

　交通刑法に関する多くの研究者の論文集。行政処分の前提となる法律の分析書として示唆するところが極めて多い。

■『最新情報2014－2015 なんでこれが交通違反なの!?』（今井亮一著・草思社・2014年）

　現場の声や行政処分の周辺問題にも触れている。著者は違反取締りや行政処分などの実情に詳しい裁判ウォッチャーの交通評論家。

■『酔いの科学』（古村節男編・共和書院・1994年）

　酔いの生理学をかみ砕いて解説する市民向け教科書である。今日でも極めて有意義な資料。著者たちはこの分野で業務実績のある研究者。

著者プロフィール

高山俊吉（たかやま・しゅんきち）

　1940年東京生まれ。東京大学法学部卒。弁護士（東京弁護士会）。交通事故事件・道路交通法違反事件の刑事弁護活動、行政処分事件、交通事故の賠償請求事件の代理人活動等が多い。また、市民の立場から、交通事故、交通取締り、交通警察、交通安全教育等に関して発言することが多い。

　日本交通法学会、日本交通科学学会、国際交通安全学会などに所属。交通関係の編著書・論稿多数。本書関係分野の編著書には、『道交法の使い方』（青人社）、『マンガでわかる道交法』（集英社）、『速度違反取締りへの挑戦』（芸文社）、『道路交通法速度違反事件の手引（上）（下）』（青峰社）、『挑戦する交通事件弁護』（共編、現代人文社、2016年）などがある。

入門 交通行政処分への対処法

2017年10月15日　第1版第1刷発行
2019年 1 月30日　第1版第3刷発行

著　　　者	高山俊吉	
発　行　人	成澤壽信	
発　行　所	株式会社 現代人文社	

　　　　　　〒160-0004　東京都新宿区四谷 2-10 八ッ橋ビル 7 階
　　　　　　振替　00130-3-52366
　　　　　　電話　03-5379-0307（代表）
　　　　　　FAX　03-5379-5388
　　　　　　E-Mail　henshu@genjin.jp（代表）／ hanbai@genjin.jp（販売）
　　　　　　Web　http://www.genjin.jp

発　売　所　株式会社 大学図書
印　刷　所　株式会社 ミツワ
ブックデザイン　Malpu Dsign（柴崎精治）

検印省略　PRINTED IN JAPAN　ISBN978-4-87798-676-6　C2032
Ⓒ 2017 Takayama Syunkichi

本書の一部あるいは全部を無断で複写・転載・転訳載などをすること、または磁気媒体等に入力することは、法律で認められた場合を除き、著作者および出版者の権利の侵害となりますので、これらの行為をする場合には、あらかじめ小社また編集者宛に承諾を求めてください。